Blueprint of the Soul:
Devine Map from the Universe
That Shows Your Original Life Purpose

Author
光海 *Mitsumi*

新装版

宇宙が教える
魂の占星術BOOK

魂のブループリント

星で「本当のあなた」を知り、
最高の人生を創造する

ヒカルランド

はじめに

みなさん、こんにちは。光海《みつみ》です。

この本を手に取ってくださり、まことにありがとうございます。

あなたはなぜ生まれてきたのでしょうか？
何のために生き、この人生で何をしようとしているのでしょうか？

この本に興味を持ってくださったということは、人生で何度かこのような疑問を持ったことがあるかもしれません。

私もずっとその問いを持ち続けてきました。

だからこそ、ありとあらゆる運命学をひもとき、その答えを探してきました。

そして、西洋占星術で使用する、私たちがこの地球に生まれ落ちた瞬間にその場所で作られたネータルホロスコープ（出生図）の中に、そのヒントがたくさんあることに気がつきました。


ネータルホロスコープは別名「魂のブループリント」と呼ばれています。

「魂のブループリント」とは、エネルギーフィールド（オーラ）の深層意識に書き込まれている、魂がこの人生にやってくる前に描いてきた計画（青写真）のことです。


そこには、今回の地球での人生における魂の目的や課題、どのような体験をし、魂を進化させていこうと計画しているか、そのために使うことができる魂のリソース（才能、資質、経験）には、どのようなものがあるかが示されています。

これらを知ることは、あなたの人生の目的が明確になるだけでなく、あなた自身をより深く理解する助けにもなるでしょう。

そして、あなたが、この人生で興味を持ってきたことや叶《かな》えたいと願ってきたことの理由や関係性が明らかになり、これまでの人生で経験したことの意味や価値を別の視点から知ることにもなるはずです。

今回、私たちの魂は、大いなる変容の時代を選んで生まれてきました。

占星術のサイクルでは、時代は今、祈りと救済と集合意識（画一的）の魚座時代から、自由で独創的で多様化（個性的）の水瓶座時代へと移行しています。

水瓶座は宇宙や天とつながりが深い星座で、魚座時代が、

「神に祈り、救済され、恵みを与えられた」

のに対して、

「宇宙とつながって、意識の力を使って自己創造していく」

のが水瓶座時代です。

あなたの魂は、類《たぐい》まれなる経験をして、魂を成長させることを意図して、このような時代の変わり目に生まれてきているはずです。

だから、今、あなたの魂のブループリントを知ることは、あなたが、これから人生を創造する上で、また、多くの地球人たちが、これまでとは違う、新しい時代の中で未知の領域を進む上で、力強い道しるべとなってくれることでしょう。

あなたの魂のブループリントには、あなたが思っている以上の壮大なプランが描かれているかもしれません。

宇宙の決まりは「全部むくわれる」です！

あなたが宇宙で決めてきたプランを生き始めた途端、

「諦めた夢」

「砕かれた希望」

「捨ててしまった人生」

すべてが輝きのバイブレーションに変わります。


さあ、「魂のブループリント」をひもといて、宇宙のプランを知り、宇宙とともに最高の人生を創造しましょう！

Contents

第3章　太陽の星座とハウスが教える　あなたらしく人生を創造する方法　67

第5章 ブループリントが示す天命 167

第6章　魂の方向性（ドラゴンポイント＝ノード軸）　203

第7章 課題、チャレンジ、カルマ（土星） 261

ブックデザイン　百足屋ユウコ＋豊田知嘉（ムシカゴグラフィクス）
カバー写真　ゲッティ イメージズ
ホロスコープ画像提供　Astrodienst AG
株式会社科学技術社
本文イラスト　設樂みな子
本文仮名書体　文麗仮名（キャップス）

第1章

あなたは魂が望んだ人生を生きていますか？

魂のブループリントは宇宙が描いた設計図

あなたは今の人生にどれくらい満足していますか？

そして、どの程度、本当の自分を生きていると感じていますか？

私たちが今回、地球に生まれる前に宇宙で描いてきた《魂のプラン》、それが「魂のブループリント」です。

そこには、真のあなたは何者で、何を目指しているのか、そのために、今回の人生で何をしようと計画しているのか、魂として、これまでにどんな経験をし、そこから、何を培《つちか》ってきたのか、カルマや恩寵《おんちょう》、課題をこの人生に持ち越してきたのかといったことが描かれています。

魂のブループリントはエネルギーフィールドの深層意識に刻まれています。エネルギーフィールドとは、私たちの肉体のまわりにある光のことで、オーラとも呼ばれます。

エネルギーフィールド（オーラ）は、思考や感情、身体、精神が光となってあらわれたものです。

魂は、そこに示される可能性や目的を成就《じょうじゅ》させることで、さらなる高次へと進んでいきます。

魂にとって、ブループリントは人生を生きる上で基盤となるものであり、それを果たすことがこの地球に存在する大いなる理由となります。魂のブループリントを生きると、魂の持つ輝きが外に放たれ、あなたの魂の目的を実現するためのステージが整います。また、それをサポートする人や環境を引き寄せます。

もし、あなたの人生が苦悩ばかりで、そこに希望や愛、喜びといったことがほとんどなかったり、本当の自分を生きていないように感じているとしたら、それは、魂のブループリントを生きていないせいかもしれません。

魂のブループリントを知り、あなたの魂の意図や目的のために、もっともっと自分の本質を発揮していけば、人生はもっと輝きに満ちたものになるでしょう。

その魂のブループリントはどのように知ることができるでしょうか？

占星術で、個人が生まれた瞬間の黄道上の天体の配置を平面図にした出生のホロスコープ（ネータルホロスコープ）は、しばしば「魂のブループリント」と呼ばれています。

ホロスコープには、ある特定の瞬間の太陽、月、惑星と黄道十二宮および地表の位置関係が示されています。

宇宙のあらゆる存在は互いに干渉しあい、影響を与えあっている。
太陽系に住んでいる地上の生物や人間は、太陽や月、惑星たちの影響を受けている。
惑星たちはそれぞれ固有のエネルギーを持ち、お互いの位置関係によって、地上で起きる出来事や人々の感情や行動、意識に影響を与えている。
これらは、人間の運命にも影響する。

これが、古代から何千年にもわたって受け継がれた占星術のベースとなる考え方です。

私はこれまで20年近くにわたり、占星術や霊的な観点から、２万人以上の方のホロスコープをリーディングしてきました。

また、新月や満月に宇宙から注がれるエネルギーを感じたり、惑星が通過している黄道十二宮の象意や、星たち同士が織りなす角度を考察して、それらと社会的な事件や個人の人生上で起こる重要な出来事が、けっして無関係ではないことを実感しています。

太陽系に住む私たちは、宇宙から注がれているエネルギーの影響を、おもに太陽系の黄道帯を運行する惑星や恒星たちを通して、受けます。

人が誕生した瞬間、その場所で作られたネータルホロスコープには、そのとき宇宙から注がれていたエネルギーが映し出されます。

それは、その肉体に宿る魂の持つ波動や魂の計画（ブループリント）と共鳴しているものです。
だからこそ、人は、その瞬間に生まれてくるのです。

ホロスコープにはいくつか種類があります。
先ほど説明した個人の誕生した瞬間の天体配置図であるネータルホロスコープ。
ネータルホロスコープが現在の年齢まで進んだものが、プログレスホロスコープ。
そして、今、この瞬間の星回りを平面図に映し出したトランジットホロスコープです。

ネータルホロスコープというのは生まれたときの魂の状態に過ぎません。
それがどのような経験を経て、どのように進んだかを示すのがプログレスホロスコープで、日々の星回りは、トランジットホロスコープに示されます。

これらをひもとき、リーディングしていると、こういう星の配置のあとには、この星が巡ってきてという非常にドラマチックで壮大なストーリーが展開されていることに驚きます。

それは、「宇宙のシナリオ」という言葉がピッタリで、どんなに優秀な頭脳をもってしても、人間には構築できないのではないかといったスケールです。

そして、魂のブループリントとは、ネータルホロスコープにとどまらず、プログレスホロスコープやトランジットホロスコープも含めたものです。

それは、その魂がより高次へと移行するために、大いなる宇宙の意志であるユニバーサルマインドとともに描いた宇宙の設計図なのです。

私たち人間がより進化して生きるためには、そこに描かれた意図や天体たちのエネルギーを認識し、活用することが重要です。

この本ではネータルホロスコープに描かれた魂のブループリントを読み解いていきます。

人は、いくつかの人生を繰り返して魂のブループリントを実現する

人は何も持たずに裸で生まれてきます。

でも、それはあくまでも肉体レベルでのこと。

肉体の中に宿る魂にはこれまでの人生で培った経験や才能が刻まれています。

魂というのは、源であるオーバーソウルから分離されたものですが、それ自体に資質や個性などが備わっています。

イメージとしては、大きなガラスが割れて、粉々になったかけら。

それが、オーバーソウルから分割された魂です。

1つ1つのかけらは、似ているものはあっても、まったく同じ形や大きさのものはありません。

オーバーソウルから分割されたかけら＝魂がさまざまな体験を通して、その魂を磨いていく。

そうすると、おおもとであるオーバーソウルも磨かれます。

同じ物質を離しておいても、一方を響かせると、もう片方も同じように響いてくるのが共振・共鳴の原理です。

オーバーソウルと分割された魂も、もとは同じ物質ですから、分割された魂が磨かれれば、おおもとも輝く。

魂が転生を繰り返して、成長していけば、それは、オーバーソウルにも反映される。

魂のブループリントとは、その魂を磨くために壮大な宇宙意識によって作られた魂の計画書です。

その魂の計画は1回の人生ですべてがプランどおりに執り行われ、目的を達成するとは限りません。

ホロスコープリーディングと並行して、過去生リーディングなどもしていると、似たような人生を繰り返している方も数多く見受けられます。

魂は一緒で、人生ごとに魂の波動に合った、肉体という乗り物が与えられ、時代や文化的背景や性別、人種や民族が異なるだけと考えれば、しごく当然なことかもしれません。

だから、今回の人生が魂のブループリントどおりに進まなくても、強制的な介入があるとは限りません。

別の転生に同じテーマや課題が引き継がれ、持ち越して実現したり、また、並行現実ではあなたと魂が一緒で肉体が違うあなたが魂の目的に取り組んでいたりします。

その魂のプランの進行状況はお互いに影響しあっているのです。

潜在意識に刻まれている魂のブループリント

ほとんどの人は、魂の計画を覚えていません。

でも、顕在意識上で認識していないだけです。

それは、ふだんは無意識下に潜んでいますが、日常生活のふとした瞬間に呼び覚まされます。

たとえば、テレビやネットを見ているときにあなたの魂のプランに近い生き方をしている人を見て、

「こんなふうに生きたいな」

と思ったり、魂のプランに必要な習い事をたまたま始めたり、ある場所や国、物事に強烈に惹かれたり……。

人はそれを無意識の内に感じ取り、それに沿ったことをしようとします。

個人セッションの際に、ネータルホロスコープに描かれてる「魂の使命」や「人生の目的」をお伝えすると、

「やっぱりそうだったんですね」

「それをしたかったけど、ずっと怖かったんです」

「今日、伺ったこと、心の奥では、なんとなくわかっていたようなことばかりでした」

多くの方が一様に同じような反応をされるのです。

また、

「なんの制約もなくて、なんでも自分で選べるとしたら、どんな人生にしたいですか？」

という質問に対しても、これまた、みなさん、ネータルホロスコープ、すなわち魂

のブループリントに描かれていることや魂の目的に合ったことを口にされるのです。

たとえば、

「海外に住んで……」

「田舎でのんびりと野菜を育てて……」

「好きな絵を描いて、あちこちで個展を開いて飛び回りたい」

「人が心身ともに健康で自分らしく幸せに生きられるようサポートをしたい」

等々。

だから、多くの人は、生まれる前に魂が描いた青写真にうすうす気づいているのです。

それはたいていハートを通して直感的にやってきます。

つまり、人が、心から、何かをしたいと思ったとき、それは、魂のブループリントに関係しているはずです。

ただ、やりたいことや情熱を感じることすべてが使命や天命に結びつくとは限らないように魂のブループリントも直接的に作用するものと、間接的な影響、魂の計画を果たす上で重要な出来事や出会いにつながるためのステップである場合もあります。

魂のブループリントを生きることを阻むのは怖れ

魂のプランにうすうす気づいている人は多いものの、それにコミットして喜びを持ってしている方と、使命や人生の目的をなんとなく感じてはいるものの、それを生きることを自ら止めている。拒み続けている方、そのプランを拒否して、別のことにエネルギーを注ぎ、疲弊《ひへい》したり、同じところをグルグルと回っているように感じる例も見てきました。

そこには、

「そんなことできるわけがない」

「そんな生き方をできるのは特別な才能を持った人だけ（自分はそうではない）」

そういう思い込みやまわりから植えつけられた信念があり、自己不信、他者不信によって、自ら、魂のプランを生きることを拒んでいることがほとんどです。

また、魂のブループリントに合ったことをしているものの、怖れによって、制限をかけている方もいます。

なぜ、そうやって制限してしまうかというと、それは、自分自身で対応したり、管理できないことが起きることへの不安があるからです。

「これくらいまでなら、自分の裁量や実力の範囲でできるだろう。

でも、これ以上ことが大きくなったら自分の手に負えるかわからない」

「誰かに迷惑をかけてしまうかもしれない」

「せっかくこれまで築いたことまで、壊れてしまうかもしれない」

そういう思いから、どこまでするか、何をどのレベルでするかを自分で懸命にコントロールしようとしている。

つまりは、ハンドルを握りしめている状態です。

もちろん、やみくもに冒険したり、リスクをとるべきという話ではありません。

ただ、宇宙が描いたブループリントを真の意味で生きるには、怖れに満ちたロウワーセルフ（低い自我）でコントロールしようとすると、それ自体が、魂のブループリントの目的の達成を遅らせたり、さらにもっと展開していくことを阻むことにつながっていくのです。

魂のブループリントを生きるには、

「宇宙にゆだねる」

どこまで進むか、どのレベルで、誰に対して、どこで行うかなども流れにまかせ、ハートにしたがい、目の前にやってきたことに精一杯取り組むことが大事です。

そうすると、肉体に閉じ込められた小さな自分には、予想しなかった展開で物事が進んでいきます。


魂のブループリントを生きるための宇宙からのメッセージ

できることを精一杯したら、あとは宇宙におまかせでいい。

宇宙が一番ピッタリなところへ運んでくれる。

最適なタイミングで、必要なことを起こしてくれる。

積極的に魂のプランを生きると人生はもっと活性化する

私が今までたくさんの方のホロスコープをリーディングしてきて感じていることは、

「うまくいっている人」

「満たされている人」

は

「その人らしいことをしている」

ということです。

それは、ホロスコープの星の示唆を高い意識レベルで体現しているということです。

魂のブループリントであるホロスコープに描かれた人生の目的を生き、太陽や月などの天体たちのエネルギーをフル活用する。

それはつまり、魂のブループリントを生きていることであり、真の自分自身を地球で表現し、魂の本質を発揮しているということです。
それは、意識しているしていないにかかわらず、
「真に自分が何者であるか」
を知り、理解し、受け入れている状態です。
自分を否定せず、認め、愛すると、より自分らしくいられます。
そうすると、自ずと、その人の中にある輝きやエネルギーが外に発揮されます。
魂は肉体の私たちよりも高い意識で物事を捉えています。
その魂や高次の意識からのメッセージはハートの奥から、感情を通してやってきます。

ハートが「違和感」だらけだったり、はたから見るとうまくいっているように思えても、自分自身の心が満たされないときは、何かが違うということだったり、これまでは、魂のブループリントに沿っていたことでも、そのテーマはもう過ぎているということであったりします。
私の例をあげると、私のネータルホロスコープの太陽は３ハウスで天秤座にありま

す。

太陽は人生の目的やその人の自己存在を地球で表現するのに関わる重要な天体です。3ハウスは、知識、情報やコミュニケーションに関わる場所で、そこに太陽を持つ私の人生の目的には、「伝えること」や「情報発信」というのがあります。

太陽が天秤座ですので、1対1で他者に何かを伝えたり、客観的な知識や社会を生きる知恵、人間関係における洞察を情報発信したりすると読み解くことができます。

プログレスホロスコープの太陽は1年に約1度進みますので、私は天秤座の後半生まれであるため、生まれて数年すると天秤座の次の星座である蠍座と4ハウスに入ります。

これは太陽の意味する人生の目的や、社会での自己表現に天秤座の性質に蠍座的要素が加わることを意味します。

子供の頃からずっと神秘的なことを探求することが好きでした。蠍座は探究や神秘、霊的なものに関係します。大人になってからは、家（4ハウス）で神秘探求やスピリチュアルワークをしたり、電話やメール（3ハウス）で占い（蠍座）の鑑定をしたり、占いやスピリチュアル記事の執筆（3ハウス）をしていました。

そして、現在は太陽は、５ハウス、射手座を進行中です。

射手座は海外、精神世界や思想、哲学、真理探求、出版や広告に関係する星座であり、５ハウスは趣味や喜び、創造性や子供に関する場所です。

太陽が射手座に入ってから、海外に行って意識について学んだり、精神世界関係の学びを深めるようになりました。

また、本の出版についても、太陽が蠍座の時期は占い色が強い本を出していたのが、射手座に入ってからはスピリチュアルと占いを融合した本を書くようになりました。

また、雑誌や書籍などの出版物に関する仕事が増え、より多くの人に向けて発信するようになったのは、進行の太陽が射手座に入った頃からでした。

この「より多くの」というのは射手座の性質です。

射手座は物事を広げ、広め、拡大していく星座です。

このように見ると、生まれたときの太陽のハウスに関わることはずっとしています。

通過してきたハウスについても、そこから太陽が出ていっても継続しています。

ただ、向ける意識や比重がそこに太陽がいるときとは変わっています。

このように時期や年齢によっても魂のブループリントの中ですることは異なってき

ます。

そして、それは、魂のブループリントであるホロスコープを知っていたから意図的にそうしたのかというと、けっしてそうではなく、ハートにしたがって心惹かれることをしていたり、繰り返しやってきたガイダンス（導き）にしたがったり、まわりの人がそれをうながすような話を持ってきてくれて、それを受け入れた結果です。

魂のブループリントと自由意志

魂の描いたプランがどの程度詳細なものであるかは、人によって異なります。

たいていの場合、それはきっちり、ぴっちりと固定されたものではありません。

魂にとって、人生とは旅のようなものです。

私たちがどこかへ旅行するとき、ものすごく詳細で綿密なプランを立てるでしょうか？

もちろん、そういう方もいるでしょう。

実際に、かなり固定された宿命的な要素の強い魂のブループリントの方もいます。

でも、多くの人が旅に出るとき、

「ハワイに行って、海辺でのんびりしよう」

「ハワイに住んでいる友達の家を訪れて地域のイベントに参加しよう」

「ゴージャスなリゾートホテルに泊まって、アクティビティを楽しんだり、マッサージを受けて、心身を癒そう」

と目的を1つ2つ選んで、ざっくりとしたプランで、あとは、現地に行ってから決めるように、多くの人の魂のプランも、そのようなものとなります。

「ホテルでのんびりする」といっても過ごし方はさまざま。

部屋のベッドでダラダラとメールやスマホを見て時間を過ごすこともあれば、ホテルの前のプライベートビーチでリクライニングチェアに横たわる、ホテルの最高級ラウンジでハイティをいただくなどいろいろな選択肢があるでしょう。

魂が定めたプランであっても、何を選ぶかは、私たちの自由意思によって変わります。

多くの場合、魂のブループリントに沿った行動をとっているとき、私たちは、心地よさや喜びを感じます。

それは、ハート（魂）が、そのまま進めば、魂のプランに沿った展開が起きることを知っているからです。

たとえば、ホテルでのんびりすると決めたのに早起きしてハードなオプショナルツアーを入れてしまい、後悔したり、面倒になるようなことがあったとします。

それは、「もっと楽しめる過ごし方がある」というサインであったり、逆に頭で考えたら面倒でたまらない予定を「なんとなく」入れてしまったとしたら、それは魂の導きである場合もあります。

魂は肉体の私たちよりも高い意識で物事をとらえています。

そして、その魂や高次の意識とつながる多次元への通路はハートの奥にあります。

といっても物理的にあるわけではありません。

だから、感情というのは、ときに私たちに魂の意図や高次からのメッセージをもたらします。

それは、多くの場合、

「楽しい」

「心地いい」

「嬉しい」

「不安」

「違和感」

などの感覚（フィーリング）を通してやってきます。

そして、この感覚こそが、魂のブループリントの波動と地球で今起きている出来事や体験が共鳴しているかどうかを知る上での１つの指針となるのです。

いつもいつも「ワクワク」「楽しい〜」と感じていなくても、人は魂のプランに自ずと導かれます。そして、魂のプランにとって重要なことは、度重なる偶然（に見えて必然）が起きてきます。でも、その流れに乗るかどうかはその人の自由意志なのです。

第2章

あなたの魂の
ブループリントに
描かれた
魂の意図とは？

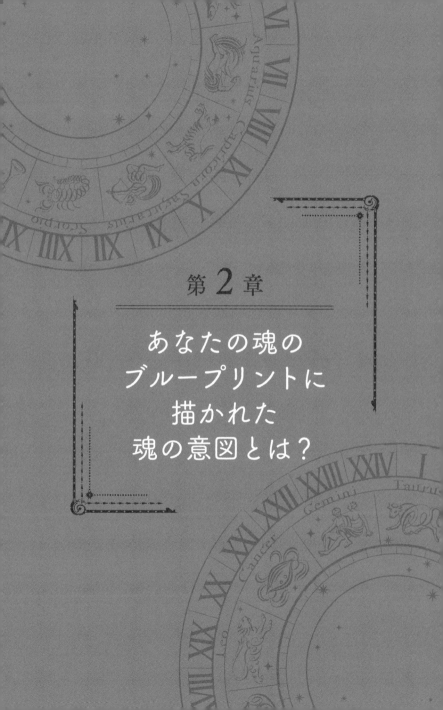

ホロスコープであなたの魂のブループリントを読んでみよう

それでは、ここからは、あなたの魂のブループリントに刻まれた計画を読んでみましょう。

まずは、ホロスコープを作ってみましょう。

インターネット上には無料でホロスコープを作成できるサイトがたくさんあります。「ホロスコープ作成　無料」と入力するとホロスコープを作成するサイトを見つけることができるでしょう。その他には、フリーの占星術ソフトやスマホのアプリを使う方法もあります。

その中から2つのサイトをご紹介するのでまずはネータルホロスコープを作ってみましょう。

「Astrodienst」　https://www.astro.com/horoscopes/ja

「My Astro Chart®」　http://www.m-ac.com/index_j.html

ホロスコープの基礎知識

魂のブループリントであるホロスコープを読み解くためには、占星術の基本となる事柄を知る必要があります。

まずはこれらについて簡単に解説していきましょう。

ホロスコープを読み解く上で必要な知識はおもに４つあります。

・太陽、月と、太陽系の惑星、準惑星の10天体について知る。
・黄道十二星座を理解する。
・12ハウスの意味を知る。
・星同士が形成する角度（アスペクト）について知る。

占星術には膨大な知識と体系がありますがこの本では魂のブループリントに関わる

天体を中心に解説していきます。

そのために、基本4つの知識についてキーワードを知っておきましょう。

天体と意識

ホロスコープを読み解く上でおもに使用するのは、太陽と月、そして太陽系の7つの惑星たち水星・金星・火星・木星・土星・天王星・海王星・そして、準惑星である冥王星の全部で10の天体です。

天体たちはそれぞれ固有の意識やエネルギーを持っています。

たとえば、月は無意識や潜在意識、魂の記憶に関係し、気質や感情、関心や心を安定させるための欲求をあらわします。

太陽は目的意識や意思や自我を示します。

水星は太陽の意思や目的を伝え、それを実現するための知恵や知識、情報の使い方を示します。

金星は、美意識に関係し、その人が愛や喜びや楽しみを感じるもの、豊かさや金銭、どんな魅力や美しさを持つのかを教えてくれます。

火星は行動意識と本能的エネルギーの星で、活動形態やモチベーションのありかを示します。

木星は物事を拡大し、広げ、発展させていく力で集合無意識に関わり、土星は反対に削減し、無駄を省き、形にしていくエネルギーで、責任や義務に関係します。

天王星、海王星、冥王星は天体望遠鏡が発明されてから見つかった星です。

天王星は革新的で枠や既成の概念を超える力、海王星は無意識や直感、目に見えないものや芸術、ロマンの星、冥王星は死と再生の星で超意識や極限的なエネルギーを示します。

10天体の基本的意味とキーワード

太陽☉（獅子座の支配星、恒星）（本質・目的意識）　数字1

【基本的な意味】

生命力。活力。能動性や積極性。男性・陽性の象徴で、自我、本質、個性、意思、父性、権威や支配、自分自身や肉体、体力や健康、精神を司る。太陽はその人の人生の目的も表す。
ただし、太陽は能動的な性質を持つため、意識して使わないと、個性や性質はあまり表面に出てこないこともある。

【キーワード】

ホロスコープの主人公。

【ホロスコープの中で☉が示すもの】

自分の存在価値を示したり、能力を発揮するための方法。創造性や個性を大いに発揮できる分野。

年齢域：25歳～35歳。

月☽（蟹座の支配星、地球の衛星）（気質・感情・潜在意識）数字2

【基本的意味】

受動性。女性・陰性の象徴で、感情、フィーリング、気質、情緒、内面、家庭環境、日常的な興味の方向性を表す。太陽の意識に対して、月は潜在意識。心を満たすための欲求。

女性のホロスコープでは妻や母となったときの姿、男性のホロスコープでは妻や母像。

【キーワード】

変化・変動の多い場所＝気になる事柄、関心。

【ホロスコープの中で☽が示すもの】

心の深い部分で求めているもの。充足感を得る方法。幼少期に形成された感情パターン、習慣、母、妻、不安定な領域、気になること。これまでの転生で蓄積された生活パターンや気質。

年齢域：0歳〜7歳。

水星 ☿（双子座・乙女座の支配星、惑星）（知識・思考・伝達） 数字5

【基本的意味】

知性、知識、思考、伝達能力、コミュニケーションと知的方向性。

商業、旅行、精神的活動力、ネットワークなどを意味する。

【キーワード】

水星は太陽の意思、自我を外部へ伝える役割を果たす惑星。

【ホロスコープの中で☿が示すもの】

知性、知識の傾向やその使い方、社会で活動する上での能力、才能、仕事。コミュニケーションの傾向。

年齢域：7歳〜15歳。

金星♀（牡牛座・天秤座の支配星、惑星）（美意識・愛情・女性性・金銭）数字6

【基本的意味】

愛情。美。快楽。女性原理。女性的な魅力。恋愛。芸術的センス（美術。音楽）、調和。社交。人間関係。結婚。快楽を手に入れるための金銭。所有欲。

【キーワード】

調和。愛。人と人との関係性を司る星。主に愛情面で発揮。

【ホロスコープの中で♀が示すもの】

「愛」をどのように表現するか。好み。喜びを感じるもの。男性のホロスコープでは理想の女性像。女性のホロスコープでは、恋愛したときの愛情表現。パートナーシップ。対人関係。人や社会と調和する方法。魅力。
年齢域：15歳〜25歳。

火星♂（牡羊座の支配星、蠍座の副支配星、惑星）（本能的なエネルギー・行動）数字9

【基本的な意味】
身体的エネルギー。活動の方向性。実行力。情熱。熱意。活力。活動。男性的な精力。意志。行動力や勇気。積極性。情熱。争い、事故。トラブル。人為的な災害。戦争。欲望。

【キーワード】
本能的な欲求。活動するためのモチベーション。勝ち取りたいもの。

【ホロスコープの中で♂が示すもの】
行動パターン。行動を起こさせる動機や欲求の分野。性的傾向。男性のホロスコープでは恋愛したときの行動パターン。女性のホロスコープでは理想の男性のタイプ。
年齢域：35歳〜45歳。

木星 ♃（射手座の支配星、魚座の副支配星）（拡大・保護・発展） 数字3

【基本的意味】

発展。拡大。援助。膨張。保護。幸運。寛容。楽天的。繁栄や成功。知識。学問。高等教育。哲学。宗教。肝臓。大学。高等教育。外国。言語。書籍出版。幸運。
10天体中の吉星の代表格だが、水星の具体的知性に対して、木星は抽象的な思考や、哲学、宗教などの深遠な知性に関係。浪費や虚栄、手の広げすぎをもたらす。

【キーワード】

物事を拡大、発展させる力。

【ホロスコープの中で♃が示すもの】

幸運に恵まれる分野。拡大、発展、援助が期待できる分野。
年齢域：45歳〜55歳。

土星 ♄（山羊座の支配星、水瓶座の副支配星）（苦手意識・制限）数字8

【基本的意味】

制限。抑制。冷静。限界。堅実性。責任。忍耐。試練や制約。孤独。秩序。厳格。遅延。古い出来事や年長者。保守。粘り強さ。


【キーワード】

制限、収縮。


【ホロスコープの中で♄が示すもの】

課題。社会的な責任が生じる分野。苦手意識や怖れを感じる分野。挑戦し、努力することで成熟し、社会的成功や物質的報酬が与えられる分野。

年齢域：55歳～70歳位。

天王星 ♅（水瓶座の支配星）（変化・改革・自由）数字4

【基本的意味】

変化。改革。革命。独立。独創性。先見性。飛躍や進歩。超越。科学。自由。機械。航空。天文。

新しい道を切り開いたり、発明、発見、突然の出来事や分裂、分離。天才。奇才。エキセントリック。反社会性。光線や電波。占星術。超科学。人道主義。

【キーワード】

突発的な変化。予想外。

【ホロスコープの中で♅が示すもの】

自由を獲得するために自立を促す分野。革新や改革の必要性のある領域。予測不能な出来事が起こりやすい事柄。

年齢域：70歳～84歳。

海王星 ♆（魚座の支配星）（神秘・無意識・幻想・抽象性）数字7

【基本的意味】

理想。曖昧ではっきりしないもの。幻想。無意識。直感。霊感。夢。神秘性や抽象性。芸術。想像力。自己犠牲。水や液体。アルコール。麻薬。ガス。

献身。情感。奉仕。舞踏。

【キーワード】

曖昧ではっきりしないもの。

【ホロスコープの中で♆が示すもの】

期待や理想が高まり、それゆえ、失望や落胆、混乱を招きやすい分野。理想を実現するために、自己を犠牲にしたり、直感や霊的なサポートが必要な領域。

年齢域：84歳以後。

冥王星♇（または⯓）（蠍座の支配星）（死と再生・無意識）　数字0

【基本的意味】

変容。始めと終わり。死と再生。カルマ。絶滅。除去。排除。一新。再建。地下。秘密。死後。

【キーワード】

宇宙との契約。カルマ。再生力。

【ホロスコープの中で♇が示すもの】

向きあうことや乗り越えることで魂や人生を変容させる力を持つテーマ。課題。カルマ。

年齢域：死後。

＊冥王星の記号は2種類あります。♇と⯓。ホロスコープソフトによって表示が異なります。

感受点（実際の天体ではないが、ホロスコープを解読する上で重要となるポイント）

【ASCまたはAC（アセンダント）】Ascendant　上昇宮

黄道と東の地平線との交点である。第1ハウスのはじまりの場所であり、第12ハウスとの境界線。ここに位置する星座は、上昇宮、上昇星座とも呼ばれる。上昇星座はその人の行動や個性に影響を与える。

【MC】Medium Coeli　天頂

第10ハウスのはじまりの場所であり、第9ハウスとの境界線。社会的役割や肩書きを示す。

【ドラゴンヘッド☊とドラゴンテイル☋】

天球上で、月の軌道（白道）と黄道平面の交わるポイント（ノード）。

- **ドラゴンヘッド：**月の軌道（白道）が黄道を南から北へと横切るポイント。別名アセンディングノード（ascending node）またはノースノード（north node）。
今生で成し遂げようと努力する方向性。

新しい人生を創造していくエネルギーにあふれた、未来の成長や発展につながる開運のポイント。

- **ドラゴンテイル：**月の軌道（白道）が黄道を北から南へと横切るポイント。別名ディセンディングノード（descending node）またはサウスノード（south node）。
過去のリソース。カルマ。

過去生から積み上げてきたもの。才能、スキル。努力しなくても自然にできてしまうこと。

黄道十二宮（12星座、12サイン）

各天体の性質や影響は黄道体の黄道十二宮を通してあらわれます。

黄道十二宮とは、天球上の黄道を中心とした、太陽と月、惑星が運行する帯状の領域であるゾーディアック（獣帯）を黄経で12等分したそれぞれの領域のことをあらわします。

星占いで、牡羊座、牡牛座などと称される12星座のことです。

実際の星座は、大小さまざまですが、占星術ではそれぞれの星座を均一に12等分し、ホロスコープでは、各星座の領域を30度とみなします。実際の星座と区別する意味で、12星座のことを12サインと呼びます。

12サインにはそれぞれ異なる性質があり、天体がどのサインに位置するかによって、その惑星のエネルギー表現が違いを帯びてきます。

太陽や月などの天体が位置するしないにかかわらず、人はすべての星座の領域をホロスコープ内に保持しています。

だから、人生のどこかしらに12サインの影響があらわれてきます。

12サインキーワード

星座	2区分	3区分	4大元素	支配星	支配する体の部分	性質
牡羊座♈	＋男	活動	火	火星	頭、顔、脳	積極性、活動、開拓精神、自己主張、直進、勇気、始まり、指導力、戦い
牡牛座♉	−女	不動	地	金星	首、耳鼻咽喉、感覚器官	豊かさと繁栄、頑固、慎重、安定、五感、審美眼、快楽、粘り強さ、芸術
双子座♊	＋男	柔軟	風	水星	肩、腕、肺、気管支、自律神経	好奇心、弁舌、情報交換、通信、知識、臨機応変、多才、二面性、移動、旅
蟹座♋	−女	活動	水	月	胸、胃、乳房	感受性豊か、仲間や家族思い、生活力、記憶力、模倣力、面倒見、防衛本能
獅子座♌	＋男	不動	火	太陽	心臓、背中、脊髄	創造、自己表現、意志、情熱、喜び、楽しむ、演出力、自己尊重、威厳、力
乙女座♍	−女	柔軟	地	水星	腹部、腸、肝臓	謙虚、細やか、几帳面、繊細、分析、調査、批評、実用性、純潔、勤勉

天秤座 ♎	＋男	活動	風	金星	腰、腎臓	バランス、公平、調和、協力、秩序、理性、センス、比較、パートナー
蠍座 ♏	－女	不動	水	冥王星	生殖器、膀胱	情念、洞察力、探究心、秘密主義、用心深さ、徹底的、深み、集中力、執着
射手座 ♐	＋男	柔軟	火	木星	大腿部、尻	自由、楽観的、冒険、理想主義、迅速さ、遠方、啓蒙、精神世界、法律
山羊座 ♑	－女	活動	地	土星	膝、骨、歯、皮膚	現実的、堅実、忍耐、実利主義、責任感、目標達成力、粘り強さ、倹約
水瓶座 ♒	＋男	不動	風	天王星	下脚部、血管	自由、改革、合理性、客観性、博愛的、独創性、理論的、先見性、友愛精神
魚座 ♓	－女	柔軟	水	海王星	足の先、かかと、リンパ液	感受性が鋭い、ロマンチスト、想像力、直感力、自己犠牲、芸術的、共感力

12サインの分類

12サインはいくつかのグループに分類されます。
それはおもに3種類あります。

二区分：男性・女性の２種類に分けられます。これは天体の気質と意識の方向性を示します。

三区分：活動・不動・柔軟の３種類に分けられます。これはおもに天体の行動パターンを示します。

四大元素：12星座を火地風水の４つの元素（エレメント）に割り当てる分類法。

おもに各天体の本質的な性質と価値意識を示します。

◇二区分（男性、女性、＋、−）：気質と意識の方向性

男性（＋）：陽性。男性的、能動的な性質。積極的で自ら働きかける。意思や考えを外に出す傾向。

女性（−）：陰性。女性的、受動的な性質。消極的かつ内向的で自分の意思や考えを内に秘める傾向。

◇三区分（クオリティ）：行動パターン

活動（カーディナル）C

活動的、積極的、自発的。プラス思考。思いついたことを行動にうつしてみる性質。持続力はあまりない。同じことの繰り返しは苦手。自分の考えを優先し、率先して動く傾向。何か問題に直面したときは、行動して解決をはかろうとする。

不動（フィクスド）F

頑固で保守的。物事に対するこだわりが強い。安定感、持久力、持続力、忍耐力、抵抗力あり。現状維持や今、持っているものを保持したい気持ちが強い。困ったことがあった場合、じっと我慢して急場を乗り切ろうとする。

柔軟（ミュータブル）M

適応能力が高く、柔軟性、変異性に富む。融通がきくが持続性に欠ける。他人の考えを優先する傾向。優柔不断。神経質。困ったことが起こった場合、周囲の状況や相手に合わせて、行動や方針を転換することで乗り切ろうとする。

◇四大元素（エレメンツ）：本質的な性質と価値意識

火（精神）：情熱的で、直観的。決断が早く、パワフルでエネルギッシュ。積極的で人に従うことを嫌う。熱しやすく冷めやすい。

価値を感じるもの：情熱、喜び、感動、達成感、高揚感、やりがい。

地（物質）：実際的で感覚的。物事を現実的な視点から判断する。堅実で用心深い。

価値を感じるもの：実際性、リアリティ、安定感、現実的な成果、物質や金銭、実感。

風（知識）：知性を重んじ、理論的。物事の分析や情報、コミュニケーションを好む。広く浅い交際。クールで美意識と知的志向が強い、理屈っぽい。

価値を感じるもの：知性、論理性、情報、コミュニケーション、会話、言葉、客観性。

水（感情）：感情的。ウエット。情緒豊か。理性よりも感情を優先する傾向。狭く深い交際をする。情に流されやすい。直感力に優れる。

価値を感じるもの：感情、気持ち、フィーリング、一体感、雰囲気、ムード、共感、親密さ、好き嫌い。

12ハウス

ハウスは天体がおもにどのような事柄に意識を向け、活動するかを示します。1つのハウスにはさまざまな意味がありますが、そのハウスが意味するすべての出来事に関心を向けたり、行うわけではありません。

たとえば、天体が5ハウスにあっても、ギャンブルをしない人も多くいます。また、「7ハウスに星がないからパートナーが現れないのでしょうか？」

「結婚できないのですか？」

という質問もしばしばされますが、

天体がそのハウスにない＝運がない。縁がない。

わけではけっしてありません。

天体が多いハウスは、人生において、意識を向け、多く関わる領域です。それはつまり、意識を向けないではいられない何かがあるということです。そしてそこには魂のブループリントが関係しています。

天体がない場所は星が入っているハウスに比べ、意識を向ける比率は下がります。また、ネータルホロスコープになくても、毎年トランジットの太陽はホロスコープを1周しますし、月は28日周期で1周し、月に2、3日ずつすべてのハウスを通過します。木星も12年かけて1周し、すべてのハウスに恵みや拡大、発展のエネルギーを与えます。

12ハウスキーワード

ハウス	意　味
1ハウス	個性　容姿　体質　生命力　セルフイメージ　生まれたときの環境　幼い頃の体験　天命　行動パターン
2ハウス	お金　所有と財産（動産）　個人の資産　価値観　金運　収入　売買　金銭感覚　所有欲　才能（収入やお金を得る手段となるもの）
3ハウス	情報伝達　コミュニケーション　知識　知性　精神的な興味　初等教育　他者との日常の交流　通信　執筆　短期間の契約　短期間や短距離の旅行　兄弟姉妹　近所の人　短距離用の乗り物
4ハウス	家庭　家族　家（住居）　母親　先祖　バックボーン　晩年（人生の終末）　不動産　墓　ルーツ　帰る場所

5ハウス	創造性　自己表現　恋愛　子供　妊娠　個人的な楽しみ　趣味　快楽　娯楽　スポーツ　ゲーム　ギャンブル　投機　投資　相場　劇場　コンサート　ライブ
6ハウス	仕事と健康　短期間の病気　奉仕　労働による報酬　部下　ペットや小動物　勤め人　雇用人　親の兄弟　軍隊
7ハウス	対人関係　結婚、配偶者　パートナー　契約　ライバル　協力者　共同　提携　協定　調停、争い事　訴訟問題　社交生活
8ハウス	死　他者（パートナー）のお金　他人から得る財産　遺産　相続　頂き物　不労所得　借金　ローン　セックス　神秘　霊界　先祖　生まれ変わり　秘密　因縁　遺業
9ハウス	遠方　海外　外国　高度な学問　研究　高等教育　大学　思想　哲学　信仰や信条　法律　宗教　長距離の旅行　遠方へ行くか多くの乗客を輸送できる乗り物　航空機　宇宙ロケット　貿易　出版　宣伝　広告
10ハウス	キャリア　社会的地位　社会的役割　人生の目標　世間の評判や評価　経歴　名声　名誉　目上の人　年長者　上司　父親　政府　王　国家元首　天職　ライフワーク　使命
11ハウス	友人　グループ　希望　願望　理想　団体　組合、サークル活動　研究会　同好会　議会
12ハウス	宿命　カルマ　秘密（人に知られたくない問題）　見えないもの　潜在意識　慈善　奉仕活動　隠れた善行　神秘学　占い　セラピー　インターネット　病院　長期間の病気　入院生活　刑務所　収容所　福祉施設　隔離された場所　事故　心配事　過去の過ち　犯罪　隠遁生活　引退　現実逃避　見えない敵　テロ　大型の動物

アスペクト

アスペクトとは星同士が作る角度のことです。座相とも呼ばれます。

天体同士が角度を作るとき、その天体はお互いに影響しあいます。

アスペクトを持たない天体は単独で働きますが、アスペクトを持つ場合は相手の天体の影響を受けます。

相手の星の性質を帯びたり、相手の星が位置するサインやハウスに関わるテーマが浮上してくるのです。

たとえば、月は気質や感情、欲求に関わる天体です。

月が木星とアスペクトを作るとき、その人の気質や感情に木星が関わってきます。

木星は楽観的で物事を拡大する星ですので、その人の気質は楽天的でおおらかさやアバウトさが備わってきます。

アスペクトには、「メジャー・アスペクト」、「マイナー・アスペクト」の2種類があります。

この本では、メジャー・アスペクトとクィンカンクスの説明にとどめます。

0度	☌	コンジャンクション（Conjunction）	天体の意味を強める
180度	☍	オポジション（Opposition）	対立、衝突、関わり、外部からの影響
120度	△	トライン（Trine）	星同士が力を引き出し、サポートしあう。発展的
90度	□	スクエア（Square）	星同士が葛藤や摩擦が生じるが強いエネルギーを引き出す
60度	⚹	セクスタイル（Sextile）	星同士が調和しスムーズにエネルギーが流れる
150度	⚻	クィンカンクス（Quincunx）	星同士が違う性質や価値観を持つため調整が必要

オーブ

主要な天体は10で、円は３６０度です。

１つの星座は30度です。

たとえば、太陽が牡羊座５度にあり、火星が双子座５度にあるときは、双子座は牡羊座の隣の隣の星座ですので、太陽と火星の距離はぴったり60度となり、これを、「太陽と火星がセクスタイル」と表現します。

しかし、星同士が正確に60度や１２０度など角度を作るケースは少なめです。星同士が右の表にあげた正確な角度を作らなくても、数度以内ならアスペクトを作っているとみなします。

その許容度のことをオーブ（orb）といいます。

たとえば、太陽が牡羊座５度で、火星が双子座３度なら、太陽と火星の距離は58度です。この場合は太陽と火星がオーブ２度でセクスタイルとなります。

オーブを何度とるかは占星術師によっても、天体によっても異なりますが、一般的には5度から8度以内で設定するケースが多めです。

私自身は太陽と月は8度くらい、その他の天体は5度くらいを見ますが、天体のある位置や複数のアスペクトが絡む場合などはこの限りではありません。

ケースバイケースです。ただ、オーブが狭く、誤差が少ないアスペクトほど強く影響があらわれるのを実感しているため、オーブが狭めのものを重視して読みます。

第3章

太陽の星座とハウスが教えるあなたらしく人生を創造する方法

ネータルホロスコープの太陽は、創造主の分身である魂が進化の道を歩む上で、地球で体験しようと決めてきたテーマをあらわします。

それは、魂が、今回、この地球に来た目的であり、肉体を持った個人として、どんなふうに自己を表現し、何を創造しようとしているのかを知る手がかりになります。

それは、太陽の位置する星座やハウス、そして、アスペクトする天体を通して表現されます。

また、太陽は魂がもともと持っている特性と、この人生において、習得しようとしている事柄の両方を示します。

多くの場合、太陽のハウスは、魂がすでに慣れ親しんだり、かつてもしていたことを示す傾向があります。

一方、サイン（星座）は、今回習得しようとするか、さらに磨きをかけようとしている分野を示す傾向があります。

太陽の示す事柄のテーマに取り組んだり、意識を向けることで太陽のエネルギーである創造性、生命力、存在感が放たれます。

そうすると、魂は輝きを増し、地球でのあなたの人生も喜びや楽しみの多いものになります。

太陽は能動的な天体で、公的な場所で主にそのエネルギーが発揮されます。したがって、プライベートが中心の生活で、身近な、気の置けない人とばかり接していると、太陽のエネルギーは使われずじまいということもあります。

そうすると、公的な場面で自分を表現したり、自己存在を示す機会がなく、太陽のエネルギーは身近な人、夫や父親など、太陽が意味する人物を通して体験され、その人を通して自己存在を発揮したり、輝かせることになります。

太陽とアスペクトを形成する天体は、今回の人生におけるパーソナリティに関する情報を与えてくれると同時に太陽の意図や目的を遂げるためにともに働きます。

たとえば、太陽が火星とアスペクトを持つ場合は、その人が何かを創造しようとしたり、自己表現をする場合、火星の示す事柄――戦うことや競争、スポーツが関わったり、積極的に活動したりすることでなされます。

これが、天王星なら、独創性や意外性、今までの常識やパターンを打ち破るようなやり方で太陽の目的が遂げられます。

それでは、ホロスコープの太陽（☉）のサイン（星座）から、あなたの人生の目的を遂げたり、あなたの存在を輝かせる方法を読み解いてみましょう。

太陽の星座が教える あなたの創造的エネルギーを発揮し、自らを輝かせる方法

牡羊座の太陽

牡羊座の太陽を持つ人は、今生では目的に向かって積極果敢にチャレンジし、自らの手で人生を切り開こうという意図を持って生まれてきました。

そのため、太陽牡羊座の人は、どんなときでも、怖れず、自分の欲求や意思に忠実で、それに沿ってエネルギッシュに生きていきたいと思っています。

この人にとって、人生を創造する上で重要なことは、情熱にしたがって自発的に行動することです。

それは、誰かがすでに通って踏み固められた道ではなく、道なき道を進むことや、みんなが怖気《おじけ》づき、立ちすくんでしまうような状況であっても、勇気を出して、先陣

を切ることであったり、まわりの人たちをリードすることです。

逆に、二番煎じや誰かのあとをついていったり、他者に頭を抑えられ、自分の考えを主張することをためらったり、自分の意に反することをするとき、牡羊座の太陽の輝きはかげってしまいます。

また、牡羊座の太陽のエネルギーを発揮して、人生を創造していくには、思い立ったら吉日の如く行動し、何事も頭から飛び込んで体当りすることです。

あなたの意見に反対したり、目的を阻む人に対しては安易に妥協したり、譲歩するのではなく、戦うことも辞さない、そんな強さや一人になる覚悟も今回の人生で魂が進化するために身につけようとしていることです。

常に自分のハートにしたがって信念を持って行動しているならば、失敗を怖れる必要はありません。

たとえ、結果が思うようなものでなくても、どんな体験からも牡羊座の太陽は学ぶことができます。

幸運の女神には前髪しかないといわれます。

その幸運の女神の前髪をキャッチするのが牡羊座の行動力と勇敢さなのです。

神は勇者を愛します。直感にしたがってダイナミックに生きることで、牡羊座の太陽は内側から輝きを増していきます。

牡牛座の太陽

牡牛座の太陽を持つ魂は、地球に、肉体を通して生きる喜びを味わうこと、楽しむためにやってきました。

そのため、安心と安全な環境を築き、その中で、五感を使って、この地球にある美味しいものや楽しいこと、肉体を持っているからこそできる喜びを味わい尽くしたいと願っています。

そしてそれを通して、創造性を発揮したり、自己表現をしたりするでしょう。

牡牛座に太陽を持つ人の多くは、モノ作りや手ざわりを楽しみます。

手芸やアクセサリー作り、彫刻や工芸、香水の調合や料理など。

また、植物を育てたり、アロマオイルを使ったトリートメントやマッサージをしたり、鉱物に触れたりして、自然や大地のめぐみを受け取ったり、また、それらを育んだりするでしょう。環境問題に関わる人もいます。

歌を歌ったり、ナレーションや料理人など、声や喉、舌という牡牛座の司る部位を活かした自己表現をする人もいます。

牡牛座の太陽の人にとって、自分が持って生まれた感覚機能や感性を使うことは非常に重要です。それは強みとなり、持ち前の才能や個性がますます引き出されたり、顕在化しやすくなるからです。

また、この人は地球での物質文明の中で豊かな生活を楽しむということも決めているため、物質面や金銭面では恵まれることが多いでしょう。

ただし、怖れの中で生きると、必ずしもそうではなくなります。

安定や安全を求めすぎて、金銭や物質的な事柄に執着したり、欠乏意識の中で常に足りないものに目を向け、経済的豊かさに憧れつづけながら生きることになるかもしれません。

本当に好きなことをして、心からそれを堪能していれば、豊かさはいつでも生み出せることを魂は知っています。

お金に執着するよりも、自分自身がいつでも価値あるものを作り出せるのだということを知っておくことが牡牛座の太陽の人にとって重要です。
そして、それは、あなたが大好きなことを追求すればするほど、引き寄せられるのです。

双子座の太陽

双子座に太陽を持つ人の今回の人生の目的は、身のまわりの面白そうなことを見つけ出して、それを流通させたり、新しい情報を収集して、それを通して身近な人と交流したり、伝達していくことです。

魂は、これらのことを通して、多くを学びます。

双子座の太陽を持つ人の多くは、さまざまな場所で何かを「伝える」役割をになります。

たとえば、ある人はアナウンサーとして、ニュースを伝えます。マスコミ関係者として、情報発信する人もいるでしょう。教師や教育関係者として誰かに勉強や知識を教えたり、商品の良さを伝える営業マンや職場の広報で働く人もいます。

また、趣味で熱心にブログを書いたり、ＳＮＳに投稿する場合もあります。

そのため、双子座の太陽の人はありとあらゆることに興味を持ち、多くのことを知りたい、見たい、学びたいという意欲を持ちます。

そして、仕事であれ、個人的な楽しみであれ、集めた知識を自分自身のために活用するのではなく、外に向けて放ち、循環させます。

それによって、さらに必要な知識や情報がやってくることを魂は知っています。

そして、相手にとってベストなタイミングや、どのような言い方や話し方をすれば、もっとも効果的に情報や知識が伝わるかということを工夫する中で、太陽の創造性が発揮され、表現力が磨かれていくでしょう。

一方で、単なる情報屋さんや、受け売りに終わらないようにすることがこの人の課題でもあります。

入手した情報を右から左にただ発信するのではなく、いったんあなたの中に落とし込んで、あなたらしく、あなたの世界観の中でそれを伝えていくのです。

太陽のハウスや太陽がアスペクトする天体を活用すれば、どんなふうに、どんな形でするのが、もっともあなたらしいやり方かを知ることができるでしょう。

そうして、あなたにしかできないユニークな方法で、情報発信したとき、あなたは素晴らしいコミュニケーターとなります。

それが、魂を進化させ、あなたの地球での人生を輝かせます。

蟹座の太陽

蟹座に太陽を持つ人は、この人生において、家族や母親との関係を通して、魂を進化させ、太陽の創造性を発揮しようという意図を持っています。

それは、母としての自分、妻としての役割を通してであったり、男性ならば、妻や母親との関わりによってする場合もあります。

この人たちにとって、家族との関係の中で、自分らしく振る舞い、自分をどのように表現するか、自分の意思を貫くかということは、重要なテーマになるでしょう。

また、誰かの家族であることが人生の目的となるかもしれません。

たとえば、誰かの母であるとか、妻である、父であるとか、兄弟、姉妹であるといったことが自己表現のための1つの要素となる場合もあります。

その育て方やサポートの仕方が多くの人から興味を持たれたり、注目を集め、仕事や社会活動につながることもあるでしょう。

また、特定の誰かではなく、あなたが関わる人たちやコミュニティ、組織やグループにとって「母」のような存在となって、誰かを養育したり、面倒を見たりするかもしれません。

ステージママや教育ママといった立場で誰かの才能を育んだり、引き出すサポートが人生の目的になる場合もあります。

また、家族ではなく、「家」や不動産やライフスタイル、暮らしや料理や手芸などの家庭的な事柄が、自己表現や創造性を発揮する手段になる人もいます。

蟹座の太陽を持つ人は、血縁関係者や身内のような強い絆を持つ人を世話したり、面倒を見たり、養育することを通して、自己存在を証明します。

しかし、その中には学びや成長につながる要素があるため、この人たちにとって、ときに家族や身近な人たちとの関係は悩ましいものであるかもしれません。しかし、それは、魂が進化のために選んだシナリオです。

蟹座に太陽を持つ人たちは、愛情深く、親切で、世話好きですが、防衛本能が人一倍強いため、自分の大切な人たちを危険から守ろうとします。

その守りと怖れの気持ちが強すぎると、相手の可能性を制限し、また自分自身をも縛ることになりかねません。

蟹座の人には、直感力という素晴らしい力があります。

あなたが感情に翻弄《ほんろう》されず、ニュートラルな意識で、あなた自身の感情を客観的に見つめれば、あなたの向かう方向やあなたが何を選択すればよいかということは、あなたのハートがいつも教えてくれます。

そして、本当に相手にとって必要なサポートをし、相手が自立して社会と接点を結ぶことを助けることができるのです。

感情を客観的に見つめる癖をつけると、あなたの今の思いはどこからやってきていて、魂が何を望んでいるかを知ることができます。

それは、あなた自身のみならず、あなたの家族や愛する人たちにも役に立つものとなるでしょう。

獅子座の太陽

獅子座に太陽を持つ人は、創造性にあふれ、エネルギッシュで強い存在感を放っています。

この人は、個性や本質を表現し、ドラマチックな人生を送ることを意図して地球にやってきました。獅子座は太陽を支配星に持つ生まれながらのクリエイターです。

だからあなたがこの獅子座の太陽のエネルギーをフルに使えば、人生はあなたが思い描いたように進んでいくでしょう。

特に、あなたが楽しく愛や喜びに満ちて生きるということを選択すれば、それが現実にあらわれてくるはずです。

もし、あなたが「人に認められなくてはいけない」「愛されなくてはいけない」という怖れに満ちて、あなたのまわりの人の人生まで背負い、彼らをしたがえたり、コントロールしなくてはいけないという思いを持つならば、あなたは、自分に依存する人を引き寄せ、あなた自身をがんじがらめにし、裸の王様となりえます。

だから、常にあなたは、自分の内側から来る喜びや楽しさにしたがって生きることが重要です。そして、その喜びや楽しみを多くの人と分かちあうことによって、あなたは自然に多くの人から脚光をあびたり、存在が認められ、あなたの望む地位や役割を手にしたりします。この喜びや楽しみとは遊びや趣味に限らず、勉強や仕事なども含まれます。

獅子座の太陽の人にとって重要なことは、「ありのままの自分」を認め、尊重することです。

ときにこの人は、向上心が強く、常に今より上を目指し、もっとステキになろう、素晴らしいことをしようという思いを抱きやすく、今の自分を不十分だと感じてしまうかもしれません。

そのため、いつも、「自分はまだまだ」という気持ちでいたり、どこか自信がなかったりして、それをひた隠しにし、その自信のなさを補うために、外側を飾り立て、実体より素晴らしく見えるように背伸びしたり、実力以上の地位や立場を追い求めたりする場合もあります。

それらは、あなたの真の魅力やこれから発展していく可能性まで封じ込めてしまいかねません。

あなたが何か壁にぶつかるとき、その内側にあるのは自己不信です。

重要なことは、たとえ、粗削りで、進化や成長の途中であったとしても、ありのままの自分を認めることです。そして、真実の自分を表現しつづけるのです。

それは、

「私はまだ、発展途上です」

と世間に表明することではありません。

今、あなたができることを、真摯《しんし》にしていくということです。

そして、あなたの向上心を実力や自分を磨くことにひたすら使っていくのです。

そうすれば、あなたは、多くの人を惹きつけ、みんなの中心となって、愛や喜びあふれる人生を作り上げることができるでしょう。

乙女座の太陽

乙女座に太陽を持つ人は今回の人生において、誰かをサポートしたり、人や社会に役立つ何かを提供することで、自己表現し、自己存在を確立しようという意図を持っています。

そのために何らかの分野に特化した知識や情報を磨いたり、専門性を持ちたいと考えるかもしれません。

乙女座の人は精神論や曖昧《あいまい》なことだけではなく、具体的に認識できるような方法で、人を助けたり、価値を提供したいと願っています。

そのため、ビフォアーとアフターを比較できるような結果やデータ分析などに関心を持つかもしれません。そして、何らかの解析や調査が自己表現のための道具となる場合もあります。

また、多くの乙女座の太陽の人は心身の健康に関心を持ちます。人や社会の中で貢献するには、健康であるということが重要だからです。

そのため、医療関係や健康に携わる仕事をとおして、人々の心身のケアをしたり、環境や秩序を整えたりということが、魂の目的である人もいます。

いずれにせよ、この人は、実用的な何かを人や社会に提供することを通して、存在感を示すために何らかの技術や手法を身につけたり、磨こうとしたりします。

そして、それには、何かを浅く広く行うよりも、1つのことを深く知り、それに関しては、右に出る者がいないというくらいになっているほうが、より、あなたの存在感を示すことができます。

また、これは、人に対しても言えることです。

すべての人を助ける必要も、あらゆる人にとって価値があるものを提供する必要もないのです。実際、そんなことは不可能です。

しかし、人に役立ちたい思いが強すぎると、そうしなくてはいけないと思い込み、そうできない自分を厳しく評価してしまうこともあります。

それよりも、あなたが提供する価値やサービスを必要としている人たちに、目を向けて、そこにエネルギーを注ぎましょう。

完全主義や自己や他者への「こうあるべき」という思い込みを手放し、ありのままを見つめ、持ち前の謙虚さと勤勉さで、あなたができることを提供する。

ただ、それだけで、あなたは素晴らしい輝きと存在価値を多くの人や社会に提供することができます。

天秤座の太陽

天秤座に太陽を持つ人の魂の目的は、人と協調、協力したり、バランスをとりながら、自己を表現し、創造性を発揮することです。

この人が、自己存在を確立するとき、そこには必ず他者が存在します。

それは、協力者やパートナーであるかもしれませんし、何かを教えたり、伝えたりする相手である場合もあります。

また、ライバルであるかもしれません。

天秤座の太陽の人は一人でいるより、他者と関係を持ったほうが存在感が高まったり、本質や個性を発揮しやすい傾向があります。そして、その相手とフェアでバランスのとれた関わりを持つのが理想です。

しかし、真の意味で対等で調和的な関係を築くのは簡単なことではありません。

太陽が位置する星座は人生の目的であると同時に、魂が今生《こんじょう》で強化しようとしていることです。だから、天秤座の人は対人関係が不得手であると感じやすいかもしれません。

そのため、ときどき、太陽天秤座の人は、人間関係に疲れ、人と距離を置いたり、一人でどうにかしたくなるのです。

しかし、もし、あなたが他者に対して心を閉ざし、何かを自分の力だけで行おうとするならば、本来の太陽の輝きを社会に向けて放つ機会を自ら制限してしまうでしょう。

人と協調するとは、必ずしも出会ったすべての人と親しく協力しあうという意味ではありません。

天秤座のシンボルである天秤のように、あなたが関係を持つのは、ちょうどいいバランスでお互いに協力しあい、調和的な関係を築くことができる相手です。

そういう人と、お互いの欲求や意見を伝えあいながら、双方の要求をどのように満たすことができるか、一方が与えるだけでも、依存するだけでもない、対等な関係を築けるか、それを模索することで魂は学び、進化するのです。

そうして、あなた一人ではなしえないことをともに創造することができるのです。

しかし、最初から対等でバランスのとれる人だけを探そうとすると、どこにもそんな人はいないと思ってしまうかもしれません。

良き協力者と出会い、関わりの中からバランスをとっていくのも、天秤座の太陽の人生の目的やテーマの1つです。

全体の調和ばかりに気をとられたり、みんなから好感されなくてはという思いを手放し、本当の自分を表現すると、人生も人間関係も愛と美と調和にあふれたものとなります。

蠍座の太陽

蠍座の太陽の人がこの人生で創造性を発揮し、輝いて生きるには、これというものを見つけ、全身全霊をかけてそれに取り組むことです。

情熱を呼び覚まされ、それをするために生まれてきた。

そのことやその人と出会うために地球にやってきた。

そう強く感じるものです。

おそらく、その対象となるモノや人を見つけたら、あなたはすぐにそれが人生の目的に関わっていることに気づくはずです。

でも、強く惹かれてすぐさま熱中する場合もあれば、逆に、最初はものすごい抵抗や嫌悪感を抱くこともあります。

近づきたいけど、怖い、怖いけど、見たい、知りたい、そういう葛藤《かっとう》を抱くかもしれません。

いずれにしても、あなたにとって、強い感情を抱かせるものは重要です。

それを見つけたら、持ち前の探求心で深掘りし、熱心に取り組んでみましょう。

蠍座の太陽の人はそのような対象と出会い、それを通して自己を表現し、自己存在を確立していきます。

その対象となるものや人と同一化することで、力や富やエネルギーを得ていくのです。

しかし、それが見つかるまでは、自分探しに明け暮れたり、何もせず、引きこもったり、誰かに依存して生きているかもしれません。

多くの蠍座の太陽の人は探求することにエネルギーを注ぎます。

表に出ていない事柄や神秘を解き明かしたり、人の深層心理を解明したり、隠されたものを見つけたり、物事の裏で動いている仕組みを調べたりすることに強い関心を抱くでしょう。

また、誰かのあとを継いだり、遺伝的な才能を活かしたり、先祖の意向を受け継ぐこともあります。

いずれにしても、これらは、あなたの人生の目的に大きく関わっています。

そして、その過程であなたの創造性は発揮され、自己表現の場を与えられ、自我を超越し、よりダイナミックな人生が展開していきます。

射手座の太陽

射手座に太陽を持つ人は、広い世界を自由自在に行き来しながら、さまざまな経験をしようと地球にやってきました。

この人は旺盛な好奇心を持ち、いつも何かワクワクするものを探し求めています。

ここにはないどこか遠くにある、まだ見たことのない世界を見たい、知りたい、体験したい。だから、射手座の太陽は、時空を超えるテーマやスケールの大きなことに関心を持ちます。

「旅」を通して、日常とは異なる空間を探検したり、異文化や、「歴史」や「遺産」、「古代の叡智《えいち》」から、時を超えた知識を学び、「精神世界」を探求し、違う次元からの情報を得ようとするでしょう。

どこにエネルギーを注ぐかは、人それぞれ、ホロスコープの他の部分によっても異なります。

いずれにせよ、射手座の太陽の人は、これらのことを通して、見聞を広め、視野を拡大したいのです。だから、もう十分知り尽くしたこと、何度も何度も経験したことは退屈なことです。さらに1つの場所に長くとどまること、自由を制限されたりすることは耐え難いことであるかもしれません。

射手座の太陽は支配星木星の影響もあり、手を広げやすい傾向があります。

それはあなたの視野を広げ、経験値を高める一方でエネルギーを分散させます。

その結果、やりっぱなしや言いっぱなしで次のことへと関心を移したり、本来の趣旨からはずれてしまうこともあります。

射手座の人が、魂の目的を果たすためには、的に向かって放たれる矢の如く、目的に向かって、一直線に進み、テーマに集中することが大切です。

そして、信条を持つことです。

自分の行動の指針となるような信仰やルールを持てば、「なぜ自分はここにいて、何のためにこれをしているのだろう」という迷いを減らすことができるでしょう。

そして、内なる自己と深く結びつくことによって、あなたが体験と書物の両方から学んだことが1つに統合されます。

知識を得ることと実践することはこの人にとって車の両輪のようなものです。

「ほう、そうか。それならば、本当かどうか試してみよう」

これが太陽射手座の人のスタイルです。そして、納得したら、自分が良いと思ったものを人に広めずにはいられません。

「こんな面白いものがあるよ」

「こんな世界がありますよ」

「こういう仕組みになっていますよ」

と伝えたくなるのです。そして、それもまた、射手座の太陽の人の人生の目的です。

探求の結果、得た知識や体験を通して構築した人生哲学やものの見方、人生の意味や意義、考え方を人に伝え、広めていくことが使命でもあるのです。

それは魂にとっての永遠の知識として蓄積されていくでしょう。

山羊座の太陽

山羊座の太陽の人は、この人生で、社会や組織の中で目標を達成したり、義務、責任を通して、創造性を発揮し、自分らしく生きることを学ぼうとしています。

山羊座の太陽の多くの人は、「成果を出すこと」「形にすること」「築き上げること」に意識が向かいます。

そして、それは、たいてい、一朝一夕ではできないことです。

だから、計画をたて、スケジュールを管理し、忍耐強く取り組みつづける必要があります。

「管理」はスケジュールだけにとどまりません。

計画がなかなか進まず、挫《くじ》けそうになったり、他のことに興味を抱いて投げ出したくなったりしたときの感情のコントロールも含まれます。

この管理能力や継続力、忍耐力も山羊座の太陽が今回の人生で身につけたり、強化していくことなのです。

その結果、太陽のエネルギーを発揮すればするほど、現世的には、会社で出世をしたり、目標を達成するなど、実際的な成果を出すでしょう。

山羊座に太陽を持つ人には2つのタイプがあります。

一方は、野心家で岩山を登るようなヤギタイプ。もう一方は、家畜として飼われているおとなしくまじめなヤギタイプです。前者は野心的な目的達成志向が強いタイプ、後者は安全な環境の中で義務や責任をまっとうすることで魂を磨こうとします。

この人たちは、社会のトップや権威になることや地位には関心を持たず、社会の秩序が保たれるように貢献することで、自己表現をします。

山羊座の太陽の人にとってのチャレンジは、どこまでを自分自身で管理し、どこまでを宇宙にゆだねるかということ、さらに、どこまで我慢するかということです。

いずれのヤギタイプであっても、この人は、ストイックに目標を追求するため、過度に自分に義務や負担を課したり、責任を引き受けることがあります。

耐えることに慣れてしまい、自分が無理をしたり、頑張りすぎていることに気がつかないことがあるのです。

ですから、無理をしすぎない。そして、すべてを自分で抱え込まずに、人にまかせたり、宇宙にゆだねたりする。

合理性ばかり追求せず、ムダや遊びが入るスペースをあけておく。

肩の力を抜いてリラックスする。

そうすれば、魂はますます輝き、人生も喜びや楽しみに満ちたものになるでしょう。

水瓶座の太陽

水瓶座の太陽を持つ人は、この人生を通して「自分の特異性やユニークさを発揮すること」「社会を変えること」「革新的であること」を通して、学び、成長しようとしています。

この人はとても進歩的で先見性に富んでいて、アイデア豊かです。

そして、発想が非凡でもあります。

そのため、今までの社会通念を変えたり、これまでの限界を突破したり、ルールを変えるための役割を果たす人も多くいます。

また、人や社会を便利にするために何かを発見したり、その独特の感性によって、人が思いつかないような面白いもの（グッズやストーリー、デザイン等々）などを創り出す人もいるでしょう。

しかし、時代の一歩も二歩も先を行く感性や発想の持ち主であるため、最初は、なかなか周囲から理解を得られないことがあります。

また、その価値を評価されない場合もあるでしょう。

その結果、「変わっている」、「非常識」と言われるのを怖れて、奇抜なアイデアや本当の自分を表現することをやめてしまったり、一生懸命「フツウ」になろうとしたりするかもしれません。

そうやって、世間の「枠」に自らを押し込めようとしたとき、太陽水瓶座は持ち前の創造性を発揮し、自らを輝かせることと真逆の方向に進んでいます。

人に理解されない苦しさを乗り越え、持ち前の先見性と独創性によって、人や社会を変え、人類の進化を促すことが、あなたの魂の目的であるからです。

水瓶座の太陽の人の物事の捉え方は、進歩的で斬新です。だから、古い価値観を持つ人や現行のシステムを維持したい人とは衝突することがあります。

ときに、この人の考え方は、彼らにとっては脅威なのです。

それは、今ある安定や秩序を壊したり、一部の人たちで享受していた権益を多くの人に平等に分配するようなものだからです。

だから、彼らによって、抑圧されたり、組織やグループから追放されることもあります。

そうなったときにでも、生きていくことができる技術や才能を磨いていくことが水瓶座の太陽の人にとって、力になるでしょう。

そして、強い信念を持つことです。あなたのアイデアや主張は5年後、10年後には、そうなります。かつては、もっとかかっていましたが、今は意識がどんどん進化しているので、さらに早まる場合もあります。

そのときになって、まわりの人は、あなたのアイデアは正しかったと思うはずです。あなたも、「やっぱり、思ったとおりだった」としてやったりでしょう。

でも、周囲の圧力に屈し、自分の主張やアイデアを取り下げていたら、残念に思うかもしれません。

だから、頑なまでに信念を貫き、あなた自身を表現しつづけましょう。そして、できるだけ、まわりの人と協力しながら、改革を進めていくことです。同じように進歩的で先見性のある同志や仲間を持つことがあなたの力になります。

そして、彼らは時空を超えてつながっている魂の仲間です。先駆者、改革者となる水瓶座の太陽の人には必ずそういう人がいて、必要なときにつながって、ともに改革を推し進めていくのです。

魚座の太陽

魚座の太陽を持つ人の目的は、肉体を持って、「ワンネス」（すべての存在はおおもとは1つでつながっているという意識）を経験することです。

この人の人生の目的は、他者と適切な境界線を持ち、自分の感情とそうでないものを見分けながら、他者と共感し、ひとつになることです。

自己犠牲的でサービス精神あふれる魚座の太陽は、人を癒し、また、生まれつきの感性や直感力を発揮したいと願い、肉体を持って、この地球にやってきました。

繊細で感受性が鋭いあなたは、人の痛みや心の傷を敏感に察知します。

共感力が高く、人との境界線が曖昧になりやすく、人の気持ちを自分のことのようにに受け止めてしまいがちです。

話を聞いているだけで、感情移入し、その苦しみを自分のもののように感じ、辛《つら》くなることもあるでしょう。

だから、人を癒し、救ったり、誰かの助けになりたいと願うのですが、ときとして、自分の中にない傷や人を救えない無力感や罪悪感に苦しんだり、その優しさや同情心を誰かに利用されたりして、深く傷つき、人や社会に怖れを抱いたり、現実から逃避したくなるかもしれません。

そのとき、幻想の世界や、妄想やアルコール、薬物に耽《ふけ》ること、愛欲に溺《おぼ》れることはかっこうの逃げ場所となります。

だからこそ、他者と適切な境界線を築きながら、しっかりと地に足をつけ、自分の思考や感情と他者のそれを明確に切り分けることが大切です。自分を防御しながら愛を持って人を助けることであなたの魂は進化するのです。

そして、そのためには、「神との一体化」が力になります。

あなた自身のみの力でしようとせず、直感や霊感を使って、高次の光の存在とつながり、コミュニケーションをとり、ともにそれを行うのです。

そうすれば、もっと他者のために。いろいろなことができるようになります。

同情し、相手との境界線が曖昧なときは、気づかなかった相手にとって本当に必要なサポートをすることができたり、依存関係に陥ることなく、適切なときにだけ手を差し伸べることができるようになるでしょう。

そうすれば、被害者になることも防げます。それはスピリチュアルなことをするときであれ、現世的なことをするときであれ一緒です。

そうすることで、魂はますます輝きを放ちます。

12ハウス

魂が自らを進化させるために、この世で自己をどのように表現し、パーソナリティを磨いていくか、その磨き方や表現は、サイン（星座）を通してあらわれます。

ハウスというのは、その太陽が表現される場所や分野です。

どんなシュチュエーションや場面、舞台においておもに自分自身を表現し、創造性を発揮するのか、それを教えてくれるのが、太陽の位置するハウスなのです。

ハウスを算出するには、出生時間と出生地のデータが必要です。

そして、ハウスを算出する方法（ハウスシステム）は何通りもあります。

日本でおもに使用されているのはプラシーダスとコッホです。

私はコッホをおもに使用しますが、日本ではプラシーダスを使用している人が多くいます。どちらを使用するかは個人の判断です。ハウスシステムが異なると、天体のハウスの位置が変わることもあります。その場合は両方を参照することをおすすめします。

太陽がこの人生で何をしたいかをより深く知るためには、12ハウスキーワード表から、あなたのネータルホロスコープの太陽が位置するハウスの中のキーワードを考察し、あなたの人生と照らし合わせてみてください。

ただし、ハウスの意味合いがすべて人生にあらわれてくるわけではありません。

あなた自身の人生の中で起きていることとの関連性に注目してみましょう。

そうすることで、魂のブループリントをより深く理解することができるはずです。

太陽があるハウスとサインは魂にとって喜びや楽しみとなったり、創造性を発揮できる場所です。

子供のように純粋に無邪気にそのハウスにある事柄に取り組むことであなたの人生はますます輝くことでしょう。


出生時間がわからない場合は、太陽の入っている星座の0度を1ハウスに設置するソーラーサインと呼ばれるハウスシステムを使用する方法があります。これは、雑誌の星占いなどを書くときに使用されるハウスシステムです。この場合は、ホロスコープを作成する際にハウスシステムを選ぶときに、「ソーラーサイン」というハウスシステムを選択します。ただし、ホロスコープソフトやアプリによっては、「ソーラーサイン」ハウスシステムがない場合もあります。astro.comで作成するホロスコープにはこの「ソーラーサイン」ハウスシステムがありません（2017年9月現在）。このときは、whole（1＝Aries）を選び、ハウスも参照程度に読んでください。

時間が不明な場合は情報量は減りますが、サイン（星座）とアスペクトだけでも魂のブループリントはある程度知ることができます。

太陽のハウスが示す人生の目的とテーマ

1ハウスの太陽

1ハウスは今回の人生の乗り物である肉体の特徴や身につける個性に関係する場所です。

そこに太陽があるということは、魂はその個性を積極的に表現することで、人生を創造し、魂を進化させようとしています。

魂の視点から見ると、今回の人生は自ら切り開くものであり、主体的に生きようという意図を持っています。

1ハウスに太陽がある人は明け方生まれです。

ASCとその反対側の7ハウスのカスプ（境界線）はホロスコープでは地平線をあ

らわします。

だから、日の出前に誕生した人は太陽は1ハウス、日の出直後に生まれた人は12ハウスにあります。

朝日とともにこの地球にやってきたこの人は、この人生に対して強い意欲を抱いています。

「こういうことをしよう」

「これをやってやろう」

と、自らの意志で、自ら選んだことをしようと決めて、このタイミングをねらって生まれてきているのです。

つまり、1ハウスに太陽がある人にとって、人生というのは、自分らしく生きるためにあるのです。

だから、この人が太陽を発揮するためには、誰かに言われたことをしたり、誰かに頼ったり、お膳立てしてもらうのではなく、

「自分がしたいことを自分らしく自ら行う」

ことです。

「自分らしく」というのは、自らの肉体の特徴や個性を活かしてということです。つまり、自己表現する上で、自分の肉体や容姿、生来の資質や個性を活用するのです。

また、1ハウスは生まれたときの環境や人生の初期をあらわす場所です。

そのため、人生の早い段階に目標を決めたり、生まれつき、人生の目標となるテーマが定まっている人もいます。

1ハウスはその名のとおり、最初やトップに関係します。そのため新しいことや、まだ人がしていないことをするというプランを持っていたり、サインの示す分野に関わることでリーダーやパイオニア、先駆者になりやすい傾向があります。

一方で、自意識が強すぎるため、他人やパートナーとの関係が課題となるケースも少なくありません。自分自身の生き方を大切にし、他者のそれも尊重する。それが1ハウスの太陽の重要なテーマです。

自分らしく自分が好きなように行動しながら、周囲のことも配慮し、思いやる。

そうすると、周囲からの応援も増え、魂は大きく進化します。

2ハウスの太陽

2ハウスは、富や財産、所有物に関わる場所です。

2ハウスは1ハウス（自分）のとなりにあり、自分が自由に使えるお金や、自分の個性や才能を活かして得る収入や所得を司る場所です。

ここに太陽があるということは、人生の目的の1つには物質的な豊かさを得ることがあります。

魂は個性やパーソナリティを発揮すること、自己を表現することによって、何らかの価値を生み出し、それによって金銭や物質的な豊かさを得ることを通して、学び、統合し、進化をはかろうとしているのです。

また、このハウスに太陽を持つ人は、価値を見極める優れた目や創造性を持っていて、自分の喜びや楽しみをお金に変えてしまう力があります。

お気に入りのものを持っていたら、それを誰かが欲しいと言って、売買が成立したり、いつの間にかショップをオープンしたりするようなイメージです。特に太陽が地のサイン（星座）なら、その傾向があります。

風のサインなら情報発信や社交性、人との交流をしながら、才能を発揮して、それが富や豊かさを運んだり、物質的な恵みへと結びつきやすい傾向があります。

火のサインの人はダイナミックさと慎重さの両方が発揮され、より大きなお金や財産を動かす人となりやすいでしょう。

水の人は、直感でピンと来たものや心を満たすものが豊かさに結びつきやすいでしょう。

また、誰かのケアをしたり、癒したり、心をつかむことによって財産が増えたり、収入につながりやすい面もあります。

いずれのサインであっても、ここに太陽がある人は、審美眼や優れた五感を発揮しながら、物事を継続すること、誠実さや人との信頼関係を育むことによって人生の恵みや豊かさを享受できます。

もし、自身が専業主婦などで、仕事をしない場合は、父親や夫がこの太陽のエネルギーを使用します。そして、それを通して、魂は成長します。

ですが、太陽は自分で使ってこそですので、何かしら自己表現を通して、豊かさを受け取る機会を持ってもよいのではないかと思います。

太陽は自己信頼でもあり、それと収入や金銭は比例する傾向があります。セルフイメージが高い人、自分が好きな人ほど、豊かであるという印象を受けます。反対に自己肯定感が低く、自ら、豊かさを受け取る機会を制限している場合も見受けられます。この場合は、自分を活かし、経済力が高まるほどセルフイメージも引き上げられます。

3ハウスの太陽

3ハウスは知識や情報伝達、コミュニケーション、教育に関わる場所です。ここに太陽が入っているということは、魂は、この人生において、知識や情報を収集し、それを発信したり、伝えることを通して、進化し、成長しようと意図しています。

そのため、知的好奇心が強く、研究熱心であったり、学び好きな性質となるでしょう。

特に太陽が風のサインのとき、情報発信や書くこと、話すこと、伝えることを通して、多くの人と交流します。

火のサインの場合は、強い「メッセージ」や「スローガン」によって人々を感化したり、人をやる気にさせたり、情熱を呼び覚ますような話や知識を伝える人となるでしょう。

また、考えを熱く語る人であったり、炎上するような話題を提供する場合もあります。

水のサインであれば、情緒的な言葉を伝えたり、心を揺さぶるような文章などを書くのが得意でしょう。話すことや書くことで、心と心の交流をはかろうとする人です。

地のサインなら、実際的で役立つ情報やメリットのある話を伝えたり、実用的な知識を教えたりする人となります。

いずれにしても、3ハウスの太陽は、興味や関心を持つ分野、学びたくなること、もっともっと知りたくなることを追求することによって、人生が輝いていきます。

そして、集めたモノを自分一人だけで使うのではなく、それを循環していく。

情報収集と発信の両方をすること、そのプロセスを通じて魂は進化していきます。

また、3ハウスは兄弟姉妹や隣人をあらわす場所でもあります。

3ハウスの太陽の人は兄弟姉妹や隣人との関係を通して自己実現や魂の成長をはかる場合もあります。彼らとは魂のつながりがあったり、人生の目的に関わる相手です。

4ハウスの太陽

4ハウスは家族や家、住居、母親、家庭生活や晩年を司る場所です。

ここに太陽がある人は、家族や家、居場所作りが人生の大きなテーマや目的となります。

子育てや親との関係、家族との絆を通して、魂はさまざまな体験をし、進化し、成長しようという意図を持っています。

一緒にどのような星がこのハウスに位置するかにもよりますが、多くの4ハウスの太陽の人は家や家族、住まいには比較的恵まれます。

しかし、感情面では家族や家について葛藤を生じたり、親や家族と離れたくても離れられない事情があったり、土地や不動産と縁が深く、そこに縛られたりすることもあります。

太陽が火のサインであれば、この人は家族の中でリーダー的な役割を果たしたり、中心となるでしょう。

しかし、家族の世話や養育、家庭や家を守ることと、自分の好きなことをすること、自分らしく生きること、自由を選ぶこととの間で葛藤が生じたり、どう調整するかが課題になったりします。

水のサインであれば、家族との感情面でのつながりということに焦点があたります。

風のサインは、教育やコミュニケーションが家族間のテーマとなるでしょう。

地のサインはモノやお金が家や家族とのつながりに影響を与えます。

また、人生の目的や自己表現が家造りや土地や不動産の所有、インテリアに関係する場合もあります。

このハウスは晩年をあらわす場所であるため、ここに太陽があると、自己実現や目標達成は人生の後半になされたり、名声を得たりする傾向があります。

5ハウスの太陽

5ハウスは、創作活動やレジャー、趣味、恋愛、子供、妊娠に関係する場所です。ここは情熱を注ぐことやその結果生じること、ワクワクドキドキすること、楽しいことをあらわす場所ですので、魂はこの人生で大いに楽しみ、喜びながら、自己を表現し、成長させようという意図を持って生まれてきました。

だから、ここに太陽がある人の人生の目的は自分らしさを発揮して楽しむことです。5ハウスに太陽があれば、喜びや情熱にしたがって生きていたら、何かが生み出されるはずです。

それは、絵や歌やゲームなどの作品を創ることかもしれませんし、手作り品や便利グッズであるかもしれません。

ドキドキワクワクすることを好むため、この位置に太陽がある人の人生はたいていドラマチックです。

恋愛を謳歌《おうか》したり、学校や職場のマドンナ的な存在であったり、人気者も多くいますが、一方で波瀾万丈かもしれません。

それは、そういう演出を好むこのハウスの太陽がそのような出来事を引き寄せるからです。

人生は自分が創造していると気づく前までは、

「私の人生にはどうしてこのようなことばかり起こるのだろう」

そう嘆《なげ》きたくなるかもしれません。

自分がすべて生み出しているのだと気がつき、自ら運命のシナリオを書けば、人生は大きく変わります。

また、この位置の太陽には人を楽しませる才能があります。

エンターテイナーとなったり、企画や演出をしたりすることを通して、自己表現するという魂のプランを持っている人もいます。

6ハウスの太陽

6ハウスは、労働や奉仕、健康に関わる場所です。

この位置に太陽がある場合、魂は人を補佐したり、助けること、役立つことを通じて進化し、成長しようと意図しています。

そのため、この人は人や社会に貢献したいという気持ちを強く持っています。

誰かから期待されると十二分にも価値を提供としようとします。

この位置に太陽がある人の多くが非常に働き者です。

ワーカホリックといってもいいかもしれません。

そして、太陽のサインに関わる仕事に適性があります。

たとえば、双子座ならマスコミや教育関係、車や乗り物に関する仕事や話術を使う営業職や販売職などを選ぶと個性を発揮しやすいでしょう。

射手座なら貿易関係や出版、広告、旅行関係や法律などに向いています。

いずれにしても、ここに太陽がある場合は、仕事を通じて、自己表現や創造性を発揮しようとするため、喜びや楽しみを見いだせる職種につくことが重要です。

お金や生活の安定のためだけに好きでもない仕事をしたり、喜びや自分らしさを発揮できない職種について、せっせと奉仕しているとしたら、それは本当の自分を半分しか生きていない状態です。

どうせエネルギーを注ぐなら、ぜひ自分らしく輝けること、創造性を大いに発揮できることをして、人や社会に貢献しましょう。

また、健康や癒しというテーマを通して、自己表現や自己存在を周囲にアピールする人もいます。

心身のメンテナンスや秩序のある快適な環境に身を置くこと、健康な肉体を保つことも魂を磨く上で重要なテーマです。

7ハウスの太陽

7ハウスは、結婚やパートナーシップ、他者との関係を司る場所です。

魂はこの人生において、人や社会との関わりを通して、魂を磨き、進化させることを意図しています。

それは、主に1対1の関係で、多くの人の場合は、「結婚」です。

結婚相手やビジネスパートナーはあなたを輝かせたり、自己実現を助けてくれる人になります。

自分とは違う個性を持った他者と結びつくことによって自分一人ではできないこと

をする。

見えないものを見る。

気づかないことに気づく。

7ハウスの太陽は、人との関係性をうまく活用することで創造性を発揮して、なりたい自分になっていくのです。

パートナーシップを通して恩恵を受ける人ですが、タッグを組む相手次第で人生が大きく変わります。

誰かと組むことで喜びは2倍に苦しみは半分になる。

それが理想ですが、しばしば、自分の要求や価値観と相手のそれがぶつかり、調整することに頭を悩ませるかもしれません。しかし、それをも通して学び成長していきます。

また、人生で何度か重要な出会いや別れを経験するでしょう。

あなたや相手が変化したことによって関係性が変わったり、あなたが自分を十分に信頼していなかったり、本当のあなたを表現していないとき、1対1の関係やパートナーシップはアンバランスで、悩みの種となるかもしれません。

7ハウス太陽の人は、
関わる人を自分同様大事にすること。

飾らず正直な自分でいて、フェアな関係を築くこと。

が重要です。

そうすれば、この人生で重要なパートナーを引き寄せ、また、関わる人とお互いの魂にとって、最善の関係を築くことができます。

8ハウスの太陽

8ハウスは、他人のお金や資産、価値、生死、先祖、性的な関係、神秘や秘密に関係する場所であり、ここは、他者との深い絆や関係性を意味します。

他者のお財布の中のお金を使えるとき、その人との間にたいてい深い絆があります。

または、秘密を共有していたり、不思議なご縁で結ばれているのかもしれません。

このハウスに太陽がある人は、他者のお金や財産、才能を活用することで、自己実現や自己表現がしやすくなります。

このハウスの人は他者からの支援を受けますが、それは、必ずしも生きている人だけとは限りません。

この世を旅立った人、守護霊や先祖などの目には見えない存在も8ハウスの支配する事柄で、このような人たちの思いを継承したり、霊的な事柄と関わることが8ハウスの太陽の人の人生の目的である場合もあります。

また、この場所は生死に関わるため、死してもなお残るものを創造することが魂の目的やプランに含まれていることもあります。

これは、子孫や後継者も含みます。

そのために、性欲が強かったり、財産を作ることに意欲を持ったりする場合もあるでしょう。

死後の世界や神秘学、心理学にも関心を持ちやすく、それが人生の目的と結びつく人もいます。

ここに太陽がある人は遺産を受け取ったり、何かを相続したり、他者の資産を管理したりしますが、受け取るだけではなく、他者の価値や資産を高めることも自己存在を高めることになります。

そのためには、人と深くつながること。

誰でも彼でもなく、「この人」という相手と深くつながることが魂を輝かせることになるでしょう。

9ハウスの太陽

9ハウスは、遠方や高い理想を意味し、それを目指し、探索する場所です。

ここに太陽を持つ人の魂は、未知なる世界を探求する、すなわち、未体験のことをしたり、新しいことを学ぼうという意欲を持って、この人生にやってきました。

だから、ここに太陽がある人は、あちこちと旅することが好きでしょう。

海外や異文化に関心が強かったり、異国と縁ができやすいかもしれません。

また、肉体だけではなく、精神の旅を愛する人もたくさんいます。

世界にあるさまざまな思想や哲学に触れたり、古代の叡智や宇宙の真理などに関心が高いかもしれません。

そして、それらを知ることやより高度な学びをすることに喜びや楽しみを見出すでしょう。

それこそが、あなたの魂が輝くことなのです。

そのため、旅行や出張など移動の多い職業についたり、人類の意識を向上させるための考え方や哲学、思想、宇宙の真理や法則などを伝えたり、広めたり、異文化と関わったりすることもあります。一方で一般的な仕事、事務や販売などをしながら、精神や肉体の旅を楽しむ人もたくさんいます。

いずれにしても、グローバルな意識を持つことやより高みを目指し、それを行動に移すことで魂は進化し、輝きを増します。

ここに太陽がある人は、経験と視野の拡大が人生のテーマなのです。

10ハウスの太陽

10ハウスは、キャリアの部屋とも呼ばれ、社会的なステータスや名誉、天職に関係する場所です。

ここに太陽を持つ魂は、自分の個性や特性を社会で活かすことで進化し、成長しようという意図を持って生まれてきています。

そのため、ここに太陽がある人の人生の目的の1つには職業上の成功や発展、社会活動を通じて自己を表現することがあります。

しかし、この位置に太陽があっても、社会活動をされない方もいます。

その場合は、この太陽は父親や夫を通して表現されるか、父親や上司や年長者など目上の人との関係を通して太陽の示す創造性を発揮することになるでしょう。

夫や父親が働き者で地位や名誉を手にするかもしれません。

また、彼らに対して何らかの義務や責任を果たすこともあります。

この位置の太陽の持ち主の多くは野心家です。

社会的な地位や名誉を得ることへの強い憧れを持っているかもしれません。それを得るためには、あなたの個性を発揮できることをキャリアにすることです。

太陽のサインやアスペクトする天体があなたの天職を見つけるヒントになるはずです。そして、喜びを持って、楽しみながら仕事をすれば、自然に望む地位や名声などが手に入るでしょう。

11ハウスの太陽

11ハウスは友人やグループ、コミュニティをあらわす場所です。

ここに太陽がある場合、魂は集団活動や仲間とのつながりの中で、自己を表現し、創造性を発揮することを意図しています。

しかし、ここに太陽がある人は仲間意識が強く、友人がたくさんいる人ばかりとは限らず、「組織」や「集団行動」が苦手な人も多くいます。

その人たちの特徴は、おもに「タテ社会」を好みません。

11ハウスは水瓶座の定位置であり、この場所の太陽は自由な自己表現と既成の枠を超えることや改革がテーマです。

だから、上から頭を押さえつけられたり、序列が強い環境やグループに身を置くことは耐えられません。

11ハウスの友人やグループ、コミュニティとは趣味や理想が一致する人や、ある程度の自由度を持ってフランクに付き合える相手のことです。

そして、そのような仲間たちとの間で、あなたの個性やキャラクターを発揮したときに、あなたの魂は喜びを感じます。

また、現実面でも仲間やグループを通して知り合った人が願望や理想実現を助けてくれたり、アイデアやひらめきをもたらしてくれるでしょう。

仲間を応援したり、グループに属することが自己実現につながるので、自分が興味を持つ研究会やサークルなどがあれば、ぜひ参加してみることをおすすめします。

12ハウスの太陽

12ハウスは隠れたものや秘密、潜在意識や神秘に関係するハウスです。

宿命的なことにも関わります。

ここに太陽が位置する魂はこの人生において、なんらかの宿命《さだめ》を生きることもあるでしょう。

それは、別の人生から継承されたテーマです。その人生で達成できなかったことで、どうしても、魂が肉体を持って体験したい、もしくは、借りを返したいと強く意図したためにこの位置に太陽を持って生まれてきたのです。

それは、過去生において、助けてくれた人を今度は逆にあなたが助けることであるかもしれません。

この位置の太陽はしばしば、癒しや芸術、奉仕活動や慈善を通して、自己表現をします。

医療関係に従事したり、ヒーリング、セラピー、神秘学に関わり、隔離された環境や人目につかない場所でそれらを表現する人もいます。

ここに太陽があると、感受性が鋭いため、人から離れた孤独な時間が必要で、引きこもる場合もあります。

自分だけの居場所やアトリエのようなスペース、隠れ家的なスポットがあると安心して自己表現できます。

また、アートや芸能などに縁があり、それらを通して個性を発揮したり、自己の存在を示す人もいるでしょう。

心の奥深い部分や目に見えない世界、無意識や夢などを探求したり、分析することで、本当の自分を見つけることができます。

そして、それを自分自身だけではなく、他者に施すことが人生の目的である場合もあります。

太陽とアスペクトする天体

ネータルホロスコープの太陽とアスペクトをとる天体は太陽が人生の目的や創造性を発揮するときに使用する天体です。

その天体特有のエネルギー、サイン（星座）、ハウスがあなたの人生の目的や魂が創造性を発揮し、輝く上で重要なものになります。

簡単な天体のキーワード表を掲載しますが、詳しくは天体の説明の箇所を御覧ください。

太陽☉　公的な生活、地位、身分、名誉、目的意識、自我

月☽　私生活、感情、気質、感覚、欲求、潜在意識

水星☿　思考、知性、コミュニケーション、精神活動、才能、文筆、話術、情報、

商売
金星♀　愛情、結婚、お金、趣味、喜び、楽しみ、美、芸術
火星♂　情熱、行動、スポーツ、冒険、本能的欲求、競争
木星♃　幸運、チャンス、富、拡大、発展、法律、公共性
土星♄　義務、責任、重圧、抑圧、試練、削減、老齢、苦悩、現実、古いもの
天王星♅　変化、独立、改革、独創性、発明、発見、先見性、先端技術、テクノロジー
海王星♆　理想、夢、ビジョン、無意識、芸術、スピリチュアル、癒し
冥王星♇　死、再生、破壊、終焉、復活、権力、支配、カリスマ、セックス

それではここで例題を使って、ホロスコープの太陽を読み解き、人生の目的や創造性を発揮し、輝く方法を考察しましょう。

出生の太陽から人生の目的を知るワーク

まずは、あなたのネータルホロスコープの太陽☉の星座とハウス、そして、アスペクトする天体を書き出してみましょう。

太陽☉は（　　　　　　）座（　　　　　　）ハウス

アスペクトする天体（アスペクトする天体の数は人によって異なります。ない場合もあります）

天体（　　　　　　）（　　　　　　）座（　　　　　　）ハウス　角度（　　　　　　）度

サンプルリーディング1

太陽☉は　天秤座♎　11ハウス

アスペクトする天体

天王星♅　天秤座♎　11ハウス　0度（コンジャンクション）
火星♂　牡牛座♉　5ハウス　180度（オポジション）
木星♃　水瓶座♒　2ハウス　90度（スクエア）
土星♄　蟹座♋　8ハウス　120度（トライン）

太陽は天秤座です。

天秤座の太陽は人と協力したり、バランスのとれた関係を築くことが人生の目的であり、魂を輝かせる方法です。

イチローのホロスコープ

AD1973/10(Oct)/22/8:43 greg.
GMT Offset 9:00
Tropical Zodiac
long. 136E32′
lat. 35N8′
Placidus

MyAstroChart®
www.m-ac.com

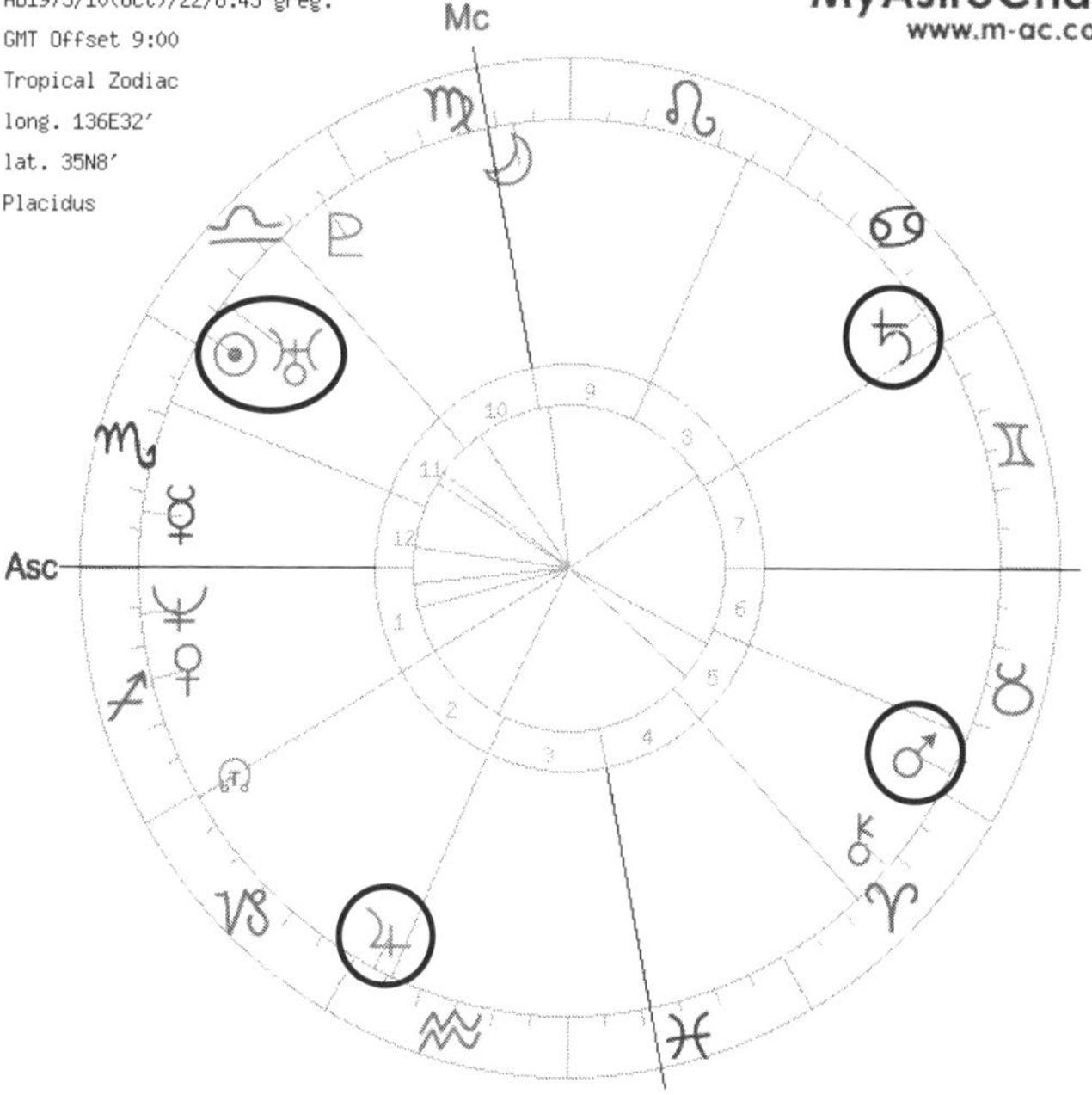

Sun	Libra	28 25′56"	
Moon	Virgo	7 38′36"	
Mercury	Scorpio	22 40′11"	
Venus	Sagittarius	14 10′11"	
Mars	Taurus	2 38′27"	R
Jupiter	Aquarius	3 10′43"	
Saturn	Cancer	4 43′56"	R
Uranus	Libra	23 45′02"	
Neptune	Sagittarius	5 47′30"	
Pluto	Libra	5 12′06"	
true Node	Capricorn	0 49′02"	R
Chiron	Aries	18 10′03"	R
Ceres	Sagittarius	22 54′36"	
Pallas	Sagittarius	1 37′11"	
Juno	Sagittarius	20 54′43"	
Vesta	Virgo	12 58′42"	

ASC	Scorpio	29 48′41"
MC	Virgo	11 05′35"
House1	Scorpio	29 48′41"
House2	Capricorn	0 39′12"
House3	Aquarius	5 32′49"
House4	Pisces	11 05′35"
House5	Aries	12 23′52"
House6	Taurus	8 05′03"
House7	Taurus	29 48′41"
House8	Cancer	0 39′12"
House9	Leo	5 32′49"
House10	Virgo	11 05′35"
House11	Libra	12 23′52"
House12	Scorpio	8 05′03"

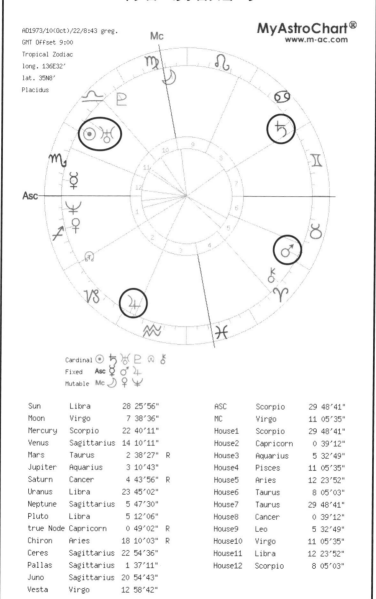

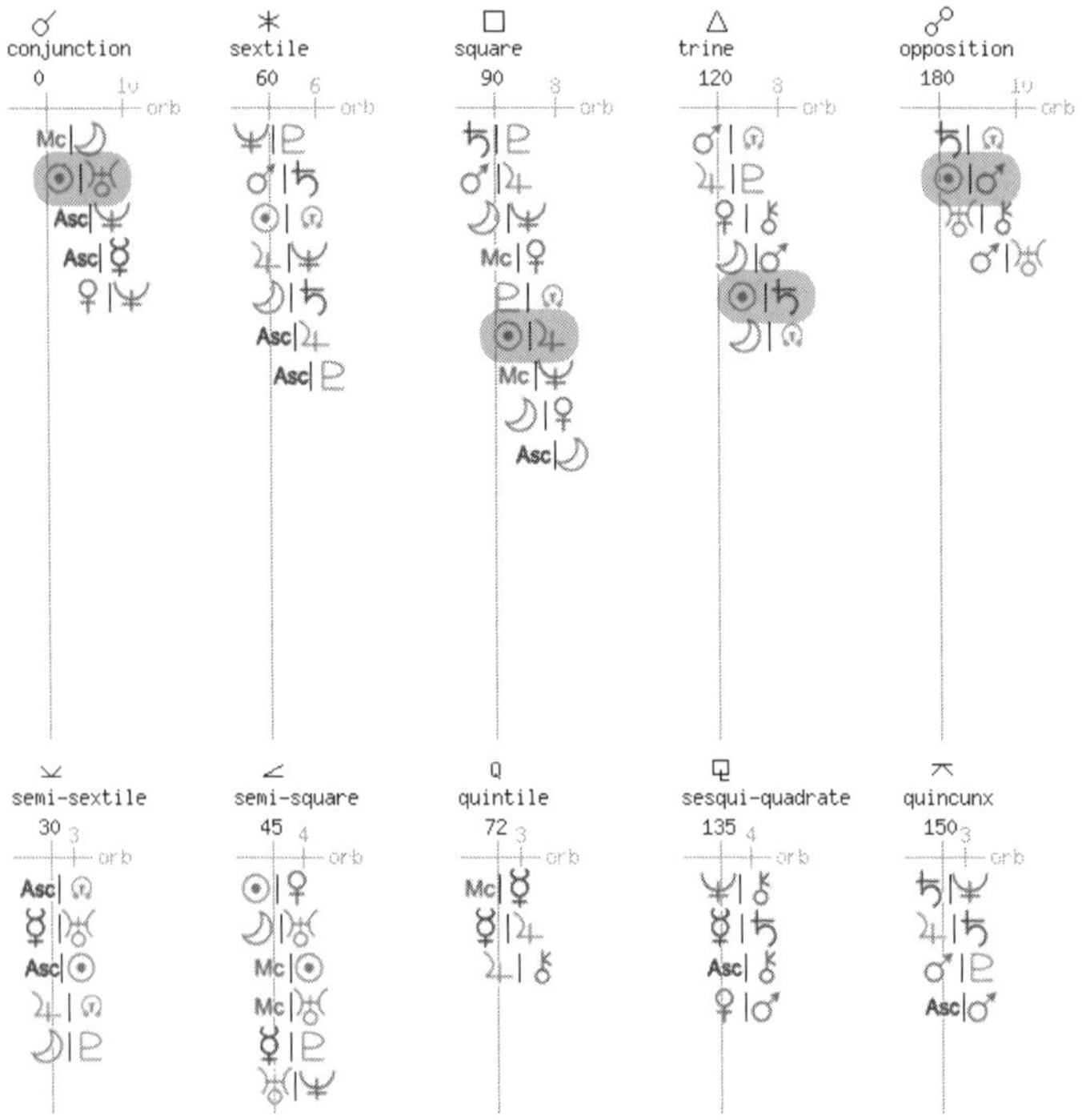
conjunction
0
10
orb
sextile
60
6
orb
square
90
8
orb
trine
120
8
orb
opposition
180
10
orb
semi-sextile
30
3
orb
semi-square
45
4
orb
quintile
72
3
orb
sesqui-quadrate
135
4
orb
quincunx
150
3
orb
Mc
Asc

11ハウスはグループや仲間に関係します。

太陽のそばには天王星があり、これはコンジャンクション（0度）と見ます。

天王星は独創的で枠にはまらない一匹狼タイプ、我が道をいきます。また、天才肌で普通とは違う発想をしたり、ひらめきの人となります。

11ハウスはグループや集団活動をあらわす場所で、太陽は火星ともアスペクトします。

火星は戦いの星で、身体を動かすことにも関係しています。

5ハウスは創造性や趣味やレジャー、スポーツに関係します。

さらに太陽は2ハウスの木星ともアスペクトします。木星は拡大と発展の星です。太陽を発揮することで収入や金銭が拡大されることが暗示されています。

さらに木星は海外や外国、出版にも関係します。

8ハウスの土星は太陽の目的のために感情をコントロールし、努力を積み重ねていくことを示しています。

ホロスコープにはこの人が人生の目的を生きるとき、個性的で独創的な天才集団またはユニークな個性を持つ仲間たちと協力、協調し、戦ったりすることが示されています。
それは、その人にとって好きなことや楽しみごとである。
それを通して、金銭的な豊かさを受け取る。海外にも関わる。
長期的な努力をし、活躍し続ける。
と読み解くことができます。

これはメジャーリーガーのイチロー選手のものです。

【イチロー】（本名：鈴木一朗〈すずき いちろう〉、1973年10月22日－）愛知県西春日井郡豊山町出身のプロ野球選手（外野手）。マイアミ・マーリンズ所属。血液型はB型。MLBシーズン最多安打記録保持者（262安打）であり、プロでの通算安打世界記録保持者（4257安打でギネス世界記録に認定）でもある。
出典：ウィキペディア（2017年7月末時点での情報）

サンプルリーディング2

太陽☉は　天秤座♎　3ハウス

アスペクトする天体

木星♃　水瓶座♒　7ハウス　120度（トライン）
冥王星♇　蟹座♋　12ハウス　90度（スクエア）

先ほどのイチロー選手と同じ天秤座に太陽があります。天秤座の太陽は人と協力したり、バランスのとれた関係を築くことが人生の目的であり、輝かせる方法です。というのはサンプルリーディング1と一緒ですが、太陽が活動する領域は3ハウスです。

3ハウスは情報発信や知識、知恵、教育、隣人などに関わる場所です。

ルイーズ・ヘイのホロスコープ

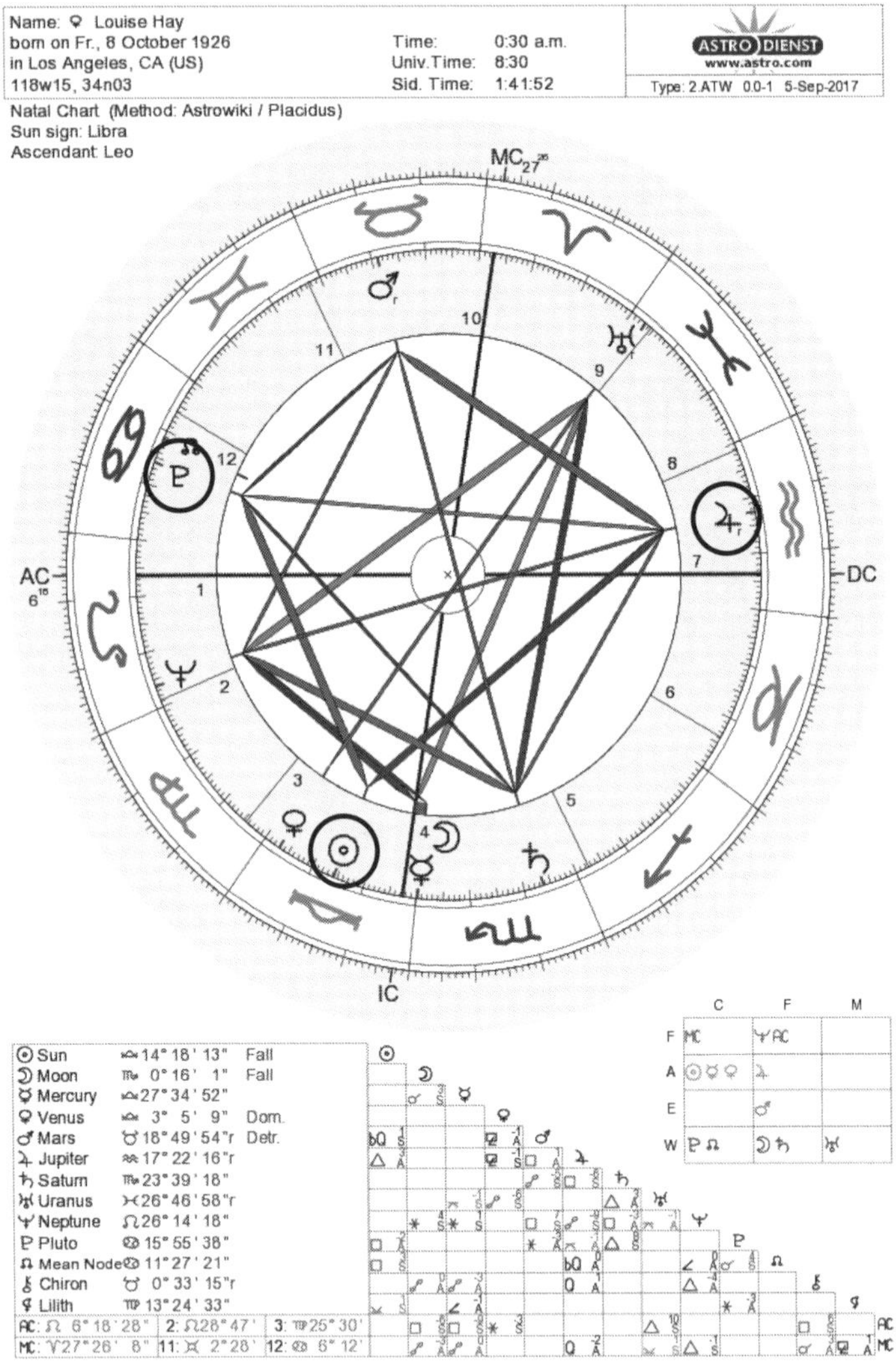
Name: ♀ Louise Hay
born on Fr., 8 October 1926
in Los Angeles, CA (US)
118w15, 34n03
Time: 0:30 a.m.
Univ.Time: 8:30
Sid. Time: 1:41:52
ASTRO DIENST
www.astro.com
Type: 2.ATW 0.0-1 5-Sep-2017
Natal Chart (Method: Astrowiki / Placidus)
Sun sign: Libra
Ascendant: Leo
MC
AC
DC
IC
Sun ♎ 14°18'13" Fall
Moon ♏ 0°16' 1" Fall
Mercury ♎ 27°34'52"
Venus ♎ 3° 5' 9" Dom.
Mars ♉ 18°49'54"r Detr.
Jupiter ♒ 17°22'16"r
Saturn ♏ 23°39'18"
Uranus ♓ 26°46'58"r
Neptune ♌ 26°14'18"
Pluto ♋ 15°55'38"
Mean Node ♋ 11°27'21"
Chiron ♉ 0°33'15"r
Lilith ♍ 13°24'33"
AC: ♌ 6°18'28"
2: ♌ 28°47'
3: ♍ 25°30'
MC: ♈ 27°26' 8"
11: ♊ 2°28'
12: ♋ 6°12'
C
F
M
F
A
E
W

天秤座3ハウスですので、人との関係や社会を生きる上での知恵を伝える人です。アスペクトする天体は木星と冥王星です。

木星は拡大、発展に関わります。また、思想や哲学、宗教、法律を司り、何らかの教えを広めたり、行き渡らせる意味もあり、出版や広告の星でもあります。

水瓶座の木星ですので独創的で進歩的なこと、今までの枠にとらわれない自由でユニークで斬新な情報を伝え、広めていきます。

7ハウスの木星は人との関わりがビジネスを広げる一方で、葛藤や競争があることを示しています。

太陽は蟹座12ハウスの冥王星ともアスペクトしています。

冥王星は死と再生の星であり、カリスマの星でもあります。12ハウスは宿命や神秘、見えない世界や癒し、セラピー、トラウマなどに関わります。

この人の人生の目的は情報や知恵を人に教えたり伝えていくことです。

それは癒しや目に見えない世界、潜在意識やヒーリングといったことに関係したり、神秘的な事柄を含むでしょう。これは彼女にキャリアや社会的地位、豊かさをもたらします。

自国だけではなく、海外にまでその教えや知恵は広まるでしょう。

このホロスコープはアメリカの出版社ヘイハウスの創始者であるルイーズ・ヘイのものです。

【ルイーズ・ヘイ】
生年月日1926年10月8日00：30（＝12：30AM）
場所ロサンゼルス、カリフォルニア州、34n03、118w15
タイムゾーンPST　h8w（標準時）
スピリチュアル関係の本を多く扱う出版社ヘイハウスの創設者であり、『自分を愛せば人生はうまくいく　ルイーズ・ヘイの鏡のワークブック』（JMA・アソシエイツステップワーク事業部）『すべてうまくいく　思考で治すヒーリングメソッド』（KADOKAWA）など多数の癒しや自己啓発の著作がある。
独学で形而上学（メタフィジックス）を学び、心と身体、癒しについて探求。カウンセリング、講演、執筆活動によって自分を愛することや思考パターンを変えることで自分自身や人生を癒す方法を広めていった。

あなたもこの例のように人生と照らし合わせながら太陽を読んでみましょう。アスペクトの種類にかかわらず、天体の性質やハウス、サインも見ましょう。

第4章

魂の記憶と過去生のパターンを知る

ネータルホロスコープの月は、気質や感情、無意識的な欲求と、それを満たし、情緒的な安定や安心感、充足感を得る方法を示します。

月の位置する星座の個性が、気質や心の動きや快不快などの感情表現となってあらわれます。

それは、おもにプライベートな領域において顕著となります。

魂のブループリントを見る上では、月は転生とその記憶に関係します。

人は何度も転生を繰り返しています。

そして、その転生の中でもたびたび経験した魂特有のパターンや何度も繰り返されてきた生活や習慣が月に記憶されています。

それは、そのとき強く抱いた感情とともに深く刻まれ、現世のあなたの気質や情緒、性格の一部となってあらわれます。

また、ネータルホロスコープの月が示す事柄は、過去生で馴染《なじ》んだり、慣れ親しんだものです。

そのため、無意識にそれを求め、それがないと不安に陥ったり、感情的に満たされない思いを抱くこともあります。

月に刻まれた記憶や感情は、私たちの人生や体質、健康状態に深く関わります。それらは、それが過去のパターンや習慣からやってきていることに気づいたり、それらが解放されるまで、人生のいろいろなシーンで顔を出すでしょう。

この人生において、あなたが理由もないのに強く抱く感情、たとえば、怖れ、不安、後ろめたさ、原因不明の怒り、ジェラシー、哀しみ、愛、喜び、慈《いつく》しみ、心地よさ等は、潜在意識の記憶から生じている可能性があります。

月の影響を知り、そこから、あなたの魂が前進することを阻むものと、あなたの心の安定につながるものを知り、そのバランスをとることは、人生を満ち足りて過ごす上でも重要です。

また、月は魂にとっての心のふるさとを思い出させるものや母親、家族を示すこともあります。

月が同じ星座に位置する人同士は、過去生において、家族であったり、似たような暮らしをしたり、感情的な体験を共有した人たちです。

もし、あなたの家族の中に誕生時の月の位置（ネータルホロスコープの月）が同じ星座にある人がいたら、それは、魂の記憶とつながりによって再び引きあったのでしょう。

彼らとは月星座に示される共通のテーマや欲求があるはずです。

それをともに体験し、そのことを通して、感情レベルで向きあうために彼らと再び家族になったのです。

牡羊座の月

牡羊座の月を持つ魂はこれまでの転生において、兵士や軍人、アスリートとして何度も戦ってきました。

また、消防士や警察官など危険をともなう仕事をしていたり、建築家や大工などの仕事で何かを無から作っていたこともあります。

未開の土地を切り開いたり、何かの分野でパイオニア的な役割を果たしていたこともあるでしょう。

そのため、今生でも勇敢で、負けず嫌い。

本能的欲求に忠実で、他者の言いなりにならず、自分の主義主張を通し、やりたいと思ったことを実行に移す行動力があります。

また、新規のことや、多くの人が手がけていないと聞くと、ワクワクし、リスクを怖れず、未知の事柄にも果敢にチャレンジしていく人でしょう。

それは、魂が過去生で培ったものです。

一方で、常に勝たなくてはいけない。生き延びなくてはいけないという思い込みや、感情面で他者に怖れを抱き、信頼できるのは自分自身しかいないと思っている場合もあるでしょう。他人に依存することや誰かに付きしたがうことは、あなたにとって怖れを抱かせるかもしれません。

今生では、怖れに起因した過度なサバイバル精神やいたずらに危険な状況に身を置いたり、人をすぐに敵か味方かで判断するクセを手放し、自由に心からわきあがる情熱にしたがい突き進んでいくことが大切です。

独立心を保ちながら、仲間と協力したり、ときに切磋琢磨しあいながら、進んでいくと、あなたの人生はより満たされ、充足感のあるものとなるでしょう。

牡牛座の月

牡牛座の月を持つ魂は、これまでの転生において、経済的に余裕のある暮らしや、美しいものや心地よいものに囲まれ、それを堪能する経験を何度もしてきました。

この人にとって、地球で生きるということは、肉体を持ち、それによって得られる楽しみを謳歌することです。

たとえば、美しい音楽を聞いたり、芳しい花の匂いをかいだり、喉を震わせて声を響かせ歌ったり、手を使って何かを作り上げたり、美味しいものに舌鼓を打ったりすることなのです。

だからこそ、それを求め、それが満たされないと充足感を得られず、不安になったりするのです。

牡牛座の月を持つ人は、この人生でも、安心、安全、豊かさ、心地よい生活を強く求めています。

そして、それを脅かされそうになると、強い抵抗を示します。

保守的で基本的にはよほど苦痛でない限り、現状を維持すること、保つことを選び、変化を嫌います。

また、牡牛座に月を持つ魂は、他の転生において、職人や得意分野を活かして生計を立てたり、暮らしを楽しんでいました。それは五感を活かしたものです。

たとえば、シェフや料理人であったり、ガーデナー、機織りをしたり、染色や手芸や工芸、大工などをしていたり……。画家や音楽家であったこともあるでしょう。

その記憶は月に刻まれていますので、この人たちは、五感が優れ、誰に教わったわけではないのに食品のどの部分が特に美味しくて、これとこれを組み合わせれば素晴らしい味になる、ということを知っていたり、色彩感覚に優れていたりします。

これは、魂がこれまでの経験によって培ったものです。これらは今生でも活かされ、あなたの生活を豊かにするでしょう。

牡牛座の月は、価値あるものを見抜く目に長《た》けています。ニセモノやイミテーション、エネルギーのこめられていない作品には見向きもせず、常に本物の、しかも、価値が永く続くようなものに目をつけ、それを手に入れようとします。

魂に刻まれたこれらの記憶は現世でも安心してのんびりしながら好きなことをたっぷり楽しみたい、遊びたい、豊かさを堪能したいという感情という思いを抱かせるでしょう。そのため、この地球ではそれを可能にしやすい環境を作るためにお金に引き寄せられます。その結果、お金に執着したり、貪欲になってしまうかもしれません。

もし、お金や物質的なことに関心を向け、怖れや不安に陥っていたとしたら、それは、あなたの人生に影を落とすこともあります。

あなたの月に刻まれた豊かな感覚や技芸を活かせば、あなたはいつでも、安心して暮らすことができる富や経済力を引き寄せられます。

今生での課題はその富や喜びをまわりの人々と分かちあうことです。

そうすれば、あなたはますます豊かになるでしょう。

双子座の月

双子座に月を持つ魂は、人の気持ちを揺さぶるような会話や文章が巧みで多才で器用です。

これは、この魂が、これまでの転生において、作家や弁士、吟遊詩人、大道芸人、旅人や遊牧民などの職業や経験から培ってきたものです。

好奇心が旺盛で、学びや会話によって未知の世界を知り、味わったことのない感情を疑似体験することにワクワクするでしょう。

一方で、1つのところに落ち着いていたり、決まりきった日常生活やルーチンワークは退屈かもしれません。

また、話術やコミュニケーション能力で、周囲の人のハートをガッチリつかみ、魅了していきますが、それはときとして、自分の本音や気持ちとは一致しなかったり、相手の感情をコントロールしたりするためである場合もあります。

双子座に月を持つ魂はいくつもの転生にわたり、感情や気持ちよりも知性や理性を優先してきました。

それは、これまでの人生において、自分の感情をストレートに表現したり、気持ちを伝えても、それを理解してもらえなかったり、それによって苦しみを味わったことがあったからです。

強いコミュニケーション欲求を持つ双子座の魂は、自分の知恵や情報を人に聞いてもらうことで心が満たされます。また、賢く物知りであると思われ、相手に興味を持ってほしいという欲求があります。

その結果、いつしか自分の心をさらけ出すよりも、まわりの人に合わせたり、人から共感されたり、関心を持たれるような感情表現をしたほうがいいと思うようになったのです。

また、相手が喜びそうな情報を提供したり、相手に合わせて、したくもない話にながなと付き合って、内心はうんざりすることもあるかもしれません。

今回の人生であなたが手放すことは、本当の気持ちや感情よりも人に興味を持ってもらえるような面白い話をしなくてはいけない、そのために多種多様な体験をしなくてはいけない、どこか非日常な場所に行かなくてはいけないという思い込みです。

特別な体験をしなくてもあなたが語る話はどれも知的で興味深く、相手を楽しませるものです。

そして、そこに感情を乗せれば、さらに魅力的な話し手となることでしょう。

蟹座の月

蟹座の月を持つ人は、愛情あふれる親密な魂たちとともに転生を繰り返してきました。

そのため、蟹座の月の人にとって、家族や同胞というのは非常に気になる存在です。

蟹座の月は、気さくで人情味にあふれ、親しみを感じる人との交流を愛します。

一方で、この魂は部族や民族間の争いを過去生において何度か経験しています。

穏やかな生活や自分たちの領土や土地を侵入者によって奪われたり、家族や一族が離散するという経験をしてきました。

また、孤独によって、危険な目にあったこともあるでしょう。

そのため、愛する人を守らなくてはいけないという気持ちや、仲間や家族とともに安心、安全なコミュニティを作ることへの強い欲求を抱いています。

また、自分が関わる人が自分にとっての味方であるのか、それとも自分を脅かす存在であるのかを常に見極めながら生きるのがクセになっています。

そのための直感力というものが非常に養われていったのです。

ですから、蟹座に月を持つ人は敏感で、話をしなくてもなんとなく雰囲気やその人を見た第一印象によって、相手の気持ちやその場の状況を読み取ることができます。

また、相手が自分にとって敵か味方かもわかるのです。

そして、一度、この人は安全で、自分を守り、保護してくれる存在であると信じたならば、愛情深く面倒を見るでしょう。そうでない人とは距離を置きがちです。

世話好きな一方で、家族や同胞との関わりの中で感情的な行き違いや揉め事も何度も経験してきました。

それは、この蟹座の月が、自分が世話をするのは好きであっても、人に構われるのはあまり好きではなかったり、親切心でしたことを相手がお節介であると感じたりするからです。

また、相手を思うあまり、境界線を超えてしまうこともあるでしょう。

今回の人生で、手放す過去生のパターンは、自分は家族を守らなくてはいけない。

自分が世話をしたり、防御しなくては、相手が危険な目に遭うのではないか、生きていけないのではないかという不安や怖れです。

また、自分は家族のためにエネルギーを注がなくてはいけないという思いも解放して大丈夫です。危なっかしく見えても、彼らの魂はあなた同様、大いなる存在たちから見守られ、愛され、導かれているのです。

そして、今生では家族や同胞、親密さを感じる人以外とも、偏見を捨て、公平に付き合いをしてみましょう。

また、好き嫌いや感情だけで物事を決めずに、怖れがあっても、チャレンジしてみることです。

そうすれば、魂は、新しい領域へと進むことができるでしょう。

獅子座の月

獅子座の月を持つ人は、これまでの転生において、貴族、王、権力者や俳優や女優、デザイナーやクリエイターなど、華やかな地位や立場で、特別待遇を受けたり、注目を浴びていました。

そのため、この魂は誇り高く、周囲から尊敬されたり、称賛されるのはごく当たり前で、自分は特別な存在であり、そうでなくてはいけないと思っています。

そのため、まわりから、厚遇されないと、不満に思うところもあるでしょう。

獅子座は王者の星であり、また、子供のような無邪気さを持つ星です。

だから、獅子座の月の人はその両方を持っています。

天真爛漫で、愛情あふれる気質、そして、王者の貫禄と気高く誇り高い精神。

これは、あなたの月が転生において、記憶してきたものです。

しかし、あなたの太陽が獅子座にない場合は、今生では、魂は「王者」ではない別の体験をしようと意図してします。

そのため、今回の人生では、過去生のようにまわりの人から称賛されたり、敬意を払われないかもしれません。

これは、獅子座の月にとっては不安でさびしいことでしょう。

そして、そんなとき、獅子座の月は子供のようにわがままな暴君や独裁者と化すか、すっかり、自信をなくしてしまうかもしれません。

今回の人生であなたが手放すのは、常に人に素晴らしいと思われなくてはいけないという過度な自意識やプライドの高さです。

もともと明るく目立つ存在である獅子座の月は、本質的に人から愛され、好かれるものを持っています。そして、元来、寛容で愛情深い性質です。

だからあなたが、自分だけでなく、誰もが特別な存在で尊重すべき人であるということを認識し、まわりの人を認め、慈悲心を持って関われば、今生でも人気者になり、スポットライトを浴びることになるのです。

また、獅子座の月は、創造性を発揮したり、ドラマチックな体験をすることによって、心が満たされるでしょう。

乙女座の月

乙女座の月を持つ魂はこれまでの転生において、人や社会、神にその身を捧げ、奉仕してきました。

そのため、いつも人に役に立たなくてはいけない、価値ある何かを提供しなくてはいけないという強い思い込みが魂に刻まれています。

常に相手が何を必要としているか、自分がどうすれば、相手に役立つことができるかを考えていたため、観察力を働かせ、細かいところまで気を配ってきました。

だから、乙女座の月の人は細やかでデリケートです。

また、この人は、修道女や修道士、厳格な教師であった過去生を持っていて、常に秩序正しくあり、慎み深く、分別があり、賢くあろうとするのが1つのパターンになっています。

それゆえ、現世でも禁欲的で、規律や約束、道理などを気にする人であるかもしれません。

また、秘書的な立場や会計士やアドバイザーとしてボスに仕えたり、看護師として医者をサポートしたり、神に仕えたり、使用人であったりと、立場が上の人に仕えていた人生もあり、人に役立つ情報や知恵、技術を持っています。

今世においてもそれによって誰かから重用されたり、その知恵や技術を求めてあなたのまわりには人がやってくるでしょう。

しかし、元来の謙虚さから自分を過小評価したり、上の立場の人と比べて自分にダメ出しをするというパターンを持っているかもしれません。また、あなたは相手のニーズを完璧に満たさなくてはならないという思いから、過度に物事に慎重になったり、準備に時間をかけすぎたり、自分自身に制限をかけてしまうこともあります。誰かに否定される前に自分で認識しておくことで傷つかないよう自己防衛する心のパターンもあります。

そのような心のクセや怖れ、傾向は、もう、今生では手放してもよいことです。

いつも正しくありたい、ソツなく物事をこなし、合理的に処理したいという欲求を持っていますが、完璧主義を手放し、ゆったりとリラックスし、必要以上に自分に負担を課すのをやめましょう。

そうすれば、あなたの知恵や観察力、心配りはますます人の役に立ち、それが認められたり、報われることも増えるでしょう。

そして、心から充足感を得る機会が増えます。

天秤座の月

天秤座の月を持つ魂には、多くの場合、転生をともにしてきたパートナーがいます。

この人にとって、「相棒」という存在は非常に重要なものです。

天秤座の月の人は穏やかで調和的で人を惹きつけたり、相手とバランスをとる方法をよく知っています。

だから、この人たちは、自分に好意を持つ人の中から、良きパートナーやともに理想を実現する人を簡単に見つけ出すことができます。その人は過去生でも夫婦や恋人、ビジネスパートナーであった可能性が高いでしょう。

天秤座の月の人にとって、彼らは、望みを叶えてくれる人です。

人生の目的のために、資金や環境、機会などを提供してくれることもあるでしょう。

それは、いわば契約結婚のようなものかもしれません。

天秤座の月にとって、パートナーというのは、ただ単に愛する人とか親しい人というだけではなく、もっと深く人生のさまざまなことに関わっている相手なのです。

そして、その人との間には、なんらかの役割分担が生じることもあります。

過去生においては、天秤座の月の人は、二人の間の意見の食い違いを調整するような立場であったり、交渉役、人と人との間をつなぐコーディネーター的な役割をしていました。

裁判官や審判など、争いを調停したり、双方の言い分を聞いて公平な判断を下す立場であったこともあります。

それゆえ、今生でも、客観的な判断を下そうと、理性的に物事を捉え、自分の本心や気持ちをないがしろにしてしまうところがあります。

また、まわりの人と調和をはかることを重視するあまり、自分の意見を主張することをためらったり、安易に妥協してしまうこともあるでしょう。

そこにはどうせ伝えたところで聞いてもらえない。嫌な顔をされて、相手と気まずくなるほうが嫌だという思い込みもあります。

しかし、今回の人生では、このような過去の記憶を手放し、相手と調和をはかりながら、あなた自身も尊重し、相手の要求同様、自分の要求も叶えることを選びましょう。

そうすると、あなたは真の意味でフェアな関係を築くことのできる良き理解者やパートナーと巡り合え、心の充足感を得られます。

蠍座の月

蠍座の月を持つ魂は物事を徹底的にするという習性を持っています。

それは誰かと深く激しく愛しあうことであったり、何かに熱中して、はまり込むことであるかもしれません。過去生においても、それを繰り返してきたのです。

蠍座の月にとって、生きるということは、情熱を傾けた対象と一体化することなのです。

そして、それによって心が満たされたり、安心感を覚えます。それがないと、人生は非常に空虚なものになっていくでしょう。無気力感に苛《さいな》まれ、生きる意味がないと感じることもあります。

だから、この人にとってこの人生においても情熱を傾ける何かを見つけることは重要です。

この人たちは探求を好みます。

過去生では、研究者であったり、神秘家や占い師、魔術師や魔女でした。

また、錬金術師や医者や治療師、助産師であったこともあるでしょう。

それゆえ、鋭い洞察力や推理力、目に見えないものを見抜いたり、探り当てる力を持っています。

一方で、そのミステリアスさや特殊性によって、いわれのない虐待を受けたり、バッシングされたこともあるでしょう。それゆえ、他者に対して、不信感を抱いていたり、恨みや怖れの感情がまだ、月に根深く記憶されている場合もあります。

そのため、必要以上に疑り深くなったり、心を閉ざしてしまうこともあります。

また、誰かの感情や物事を操ったり、コントロールすることに関心を抱くかもしれません。

あなたが今回の人生で解放することは、無意識の中にある他者への疑念や憎悪などの感情です。

それは、もうすでに過去のものであることを知り、「許し」ましょう。

そして、今回の人生は、持って生まれた神秘的な力や洞察力を使いながら、自分の目的を達成し、多くの人たちを幸せにしたり、希望をもたらすことです。

また、エネルギーの使い方を人に教え、多くの人が自分の望む幸せを手に入れることができるようにすることもあるでしょう。

そうすると、あなたは心から1つになるソウルパートナーやソウルメイトと出会え、自分ですべきことと、他者にゆだねていいことに気づき、さらなる豊かさを引き寄せることができるでしょう。

射手座の月

射手座の月の人の魂に刻まれているのは冒険者や宗教家としての体験です。

この2つはイメージがまったく違うかもしれません。

一方はアクティブでむこうみず。もう一方は、聡明さや深遠さを感じさせます。

実は射手座の月の魂は、このようにまったく異なる二面を持っています。

そして、これまでの転生においても、その両方を体験してきました。

あるときは自分の信仰を強く守り抜く信者であったり、その教えを広める宣教師や牧師でした。日本の隠れキリシタンのように、信仰によって苦痛や拷問を味わったり、迫害されたことがある人もいます。

そのときの拘束されることへの怖れが、魂に根強く残っています。

そのため、過剰なくらい自由を求めたり、何かにとらわれそうになると、するりと逃げてしまうようなところがあるかもしれません。

また、あるときは、見果てぬ夢を追い、この世にある秘密の宝や素晴らしい何かを求めて旅や冒険をしていました。だから、この人生でも、この人は、旅が好きでいつもあちこち飛び回っているかもしれません。また、引っ越しが多かったり、生まれたところから離れたところに住む場合もあります。

これらの転生の体験から、あなたの魂には、いくつかの信念が埋め込まれています。

それは、「自由に生きる」ことは、自分にとって何より重要なことである。

人生とは何かを探し求める旅である。

1つのところにとどまっていることはとても苦痛である。

ということです。

これらは、あなたの人生を刺激的で楽しいものにする一方で、常に現状に満足することができず、また、いつも高い理想を求め、今の自分ではまだまだ不十分であるという思いを抱かせつづけさせるかもしれません。

それは、あなたが、もう手放してもよい、月に刻まれた思い込みです。

また、どこか遠くに行かなくても、楽しいこと、ワクワクすることは、今ここにあることを知ることです。そうすれば、いたずらに動き回らず、あなたが本当にしたいことに集中できるでしょう。

山羊座の月

山羊座に月を持つ魂は、これまでの転生において、過酷な環境の中で困難や苦しみに耐え、生き抜いたり、目標を達成してきました。

そのためこの魂の持ち主は非常に忍耐強く、ストイックです。

過去生においては、辛い労働を強いられたり、修験者として、日々鍛錬していたこともあれば、酋長や組織や村の長や、政治家などの権力者であったこともあります。また、実業家や僧侶、伝統の継承者であったこともあるでしょう。

いずれにしても、日々の努力と積み重ねによって、地位や名誉を得る経験を何度かしています。

そのため、この魂は苦しみに耐えることで自分の目的や目的が達成されたり成果が生まれることをよく知っています。

「努力は報われる」という思いが潜在意識に刻まれていて、困難は喜びや達成感を得るために不可欠であるという信念を持ち、努力家で、忍耐強い人でしょう。

しかし、その一方で、感情を抑え込んでしまいがちなところもあります。

目標達成のために苦しいとか辛いとか、嫌だという感情や、本当はこちらが好き、楽しいといった思いを封じ込めたり、できるだけ感じないようにしてきたため、いつしか、自分の感覚をキャッチしたり、心の声を聞く感受性が鈍ってしまっているかもしれません。

また、義務感や責任感、合理精神が強く、遊んでいるひまがあったら、少しでも自分の目標につながることをしたほうがいい、時間やお金やエネルギーをムダにしてはいけないという思い込みが魂に刻まれていて、遊んだり、楽をしたりすることに罪悪感を覚えることもあるでしょう。

今回の人生では過度な努力やストイックさは手放し、喜び、楽しみながらも目標を達成できるという体験を多くし、そのほうがさらにパフォーマンスが良いことを知りましょう。それがあなたの月の記憶の中にある不要な思い込みを解放することにつながります。

また、日々の生活の中で喜びにフォーカスすること、それを与えることを自分に許すということをすると、感受性が高まります。

水瓶座の月

水瓶座の月を持つ人の魂は、地球ではないところで多く転生してきました。

そのため、地球で何度も転生してきた魂よりも発想がユニークで独特な感性を持っています。

宇宙にはたくさんの星がありますので、水瓶座の月を持つ人たちの特徴を一括りで語ることはできません。彼らは多種多様であり、個性的です。

その出身星の影響を強く受けています。

ただ、全体的に言えることは、特異な才能や技術を持っていたり、とても普通の人には考えられないような面白いアイデアを思いついたりします。

また、枠にとらわれない行動をするため、集団や組織には苦手意識を抱いている場合もあり、彼らの多くが地球での生活にどこか違和感や馴染みにくさを持っています。

今回の地球での人生でも、家族や身近な人からもてあまされたり、親や先生から扱いにくい子とされ、本当の気持ちを理解してもらえない悲しみを経験することもあるでしょう。そのために、彼らは自己不信や他者不信に悩まされるかもしれません。

しかし、その一方で、この魂はひとたび自分を認め、尊重してくれる人たちと出会うと、その知性やユニークさを買われ、いろいろな場面で求められていきます。

特に人や社会が古いパターンから抜け出し、進化し、改革しようとするとき、あなたの自由な発想や非凡なひらめきは助けになります。それは、この水瓶座の月の人が自分自身を認め、愛し、受け入れていればいるほど、高く評価されます。

だからこの月を持つ人にとって、重要なことは、何よりも自己受容です。

それには、自分だけでなく他者の個性や多様性を認めることが力になります。

自己否定や人と違ってはいけないという怖れを手放し、自分と他者をありのまま受け入れることで魂を自由にしていきましょう。

魚座の月

魚座の月を持つ人の魂は、過去生において、誰かを救うために「犠牲者」となった経験があります。

宗教的な儀式や雨乞いなど、村を救うために生贄《いけにえ》となったり、また自分の仕えている主君のために命を差し出したり、誰かの身代わりになったりという形で自分を差し出したことがあるのです。それ以外にも、宗教や信仰、信じる相手のために自らの人生を捧げたこともありました。

そのため、この魂には、自分は誰か（何か）のために犠牲にならなくてはいけないという思い込みや被害者意識とその悲しみや苦悩、無価値感が刻まれています。

それと同時に人々を救ったという誇りや自尊心の両方を持っています。

それゆえ、今生でも、この人は慈悲深く自己犠牲的であるでしょう。一方で、無意識レベルで「自分はかわいそうな人だ」と自分自身を憐《あわ》れんでいるかもしれません。

また、誰かを救いたい一方で、自分の献身が報われないことを怖れています。

その結果、人から隠れ、人里離れたところで、静かに暮らしたいという思いと、愛する人たちと一緒にいたいという2つの想いの間で揺れ動いています。

この魂は多くの場合、この人生において、過去に払った犠牲の代償となる報いや恩恵を与えられるでしょう。

しかし、彼らは、自分は犠牲者でなくてはいけないという思い込みから、それを受け取ることを拒否してしまうこともあります。

この魂にとって心を満たすことは、人を助けたり、癒せたり、誰かと共感することです。また、誰かが自分を必要としてくれたり、理解して一体感を得られたとき、深い喜びを感じるでしょう。

今回の人生で、あなたが手放すべきことは、自分をないがしろにしてまで、誰かを助けなくてはいけないという思い込みです。

あなたが喜びや楽しみを感じ、自分を大切にしながら、人を癒したり、救う方法はいくらでもあります。

そして、誰かと一体化したり、献身的に尽くすことは、けっして、自分を放棄することではないことを覚えておきましょう。

今生では、人も自分も同じように尊重し、愛することをしていきましょう。

そのとき、あなたは、自分も人ももっと、幸せにすることができます。

第5章

ブループリントが示す天命

ＡＳＣ（アセンダント）とＭＣは生まれた場所と時間によって決まる要素です。

それは、今回の人生において、どんなパーソナリティで、何を成し遂げるか、何を目指すかということを示します。

この人生で魂が乗る肉体がＡＳＣです。

ＡＳＣとは、あなたが生まれた時間と地点から見て、東の地平線上に位置していた星座のことです。

ここは、その人の人生の初期の状態や生まれつきの性質や個性、才能を示すと同時に地球にいる目的やモチベーション、使命にも関係します。

ＭＣは、出生図の天頂に位置している星座のことで、ここは、社会におけるその人の立場や役割、社会的に目指しているものを示します。

魂のブループリント的な視点では、その人が地球で何を目指すか、人や社会のためにどんな貢献をするか、どんな役割を担うかという目標（ゴール）をあらわすのです。

あなたが何者として、地球で何をしようとしているか、それを示すのがこの組み合わせです。それは、「天命」や「天職」にも関係します。

具体的にいくつかホロスコープを見ながら説明しましょう。

フランスのファッションデザイナーであるクリスチャン・ディオールは、ＭＣが獅子座で、ＡＳＣは蠍座です。ＭＣ獅子座は、個性、創造性を発揮し、人や社会に生きる喜びや楽しみを提供するのが社会的な使命です。ＡＳＣ蠍座は探究心が旺盛でこだわりが強い人。このＡＳＣ蠍座、ＭＣ獅子座の組み合わせは、自分のこだわりや趣味といった美学を追求して、オリジナリティをあふれる世界観を構築します。クリエイターや芸術家、デザイナー、エンターテイナー、独特のセンスを多くの人に向けて、表現する人などに見られるパターンです。

クリスチャン・ディオールは、太陽が水瓶座にあります。

水瓶座は独創的で、先見性に優れ、時代の先駆けとなるようなことをして、人や社会を驚かせます。

これまでの慣習を変えたり、意識転換をはかるのが人生の目的です。

クリスチャン・ディオールは、水瓶座の太陽の、独創性や先見性をＡＳＣ蠍座とＭＣ獅子座の個性的で独特な世界観を「洋服のデザイン」という形で表現しました。

それは、「ニュールック」という新しいファッションを創始したのです。

ニュールックのシルエットは、世界的なセンセーションを巻き起こしました。これ

クリスチャン・ディオールのホロスコープ

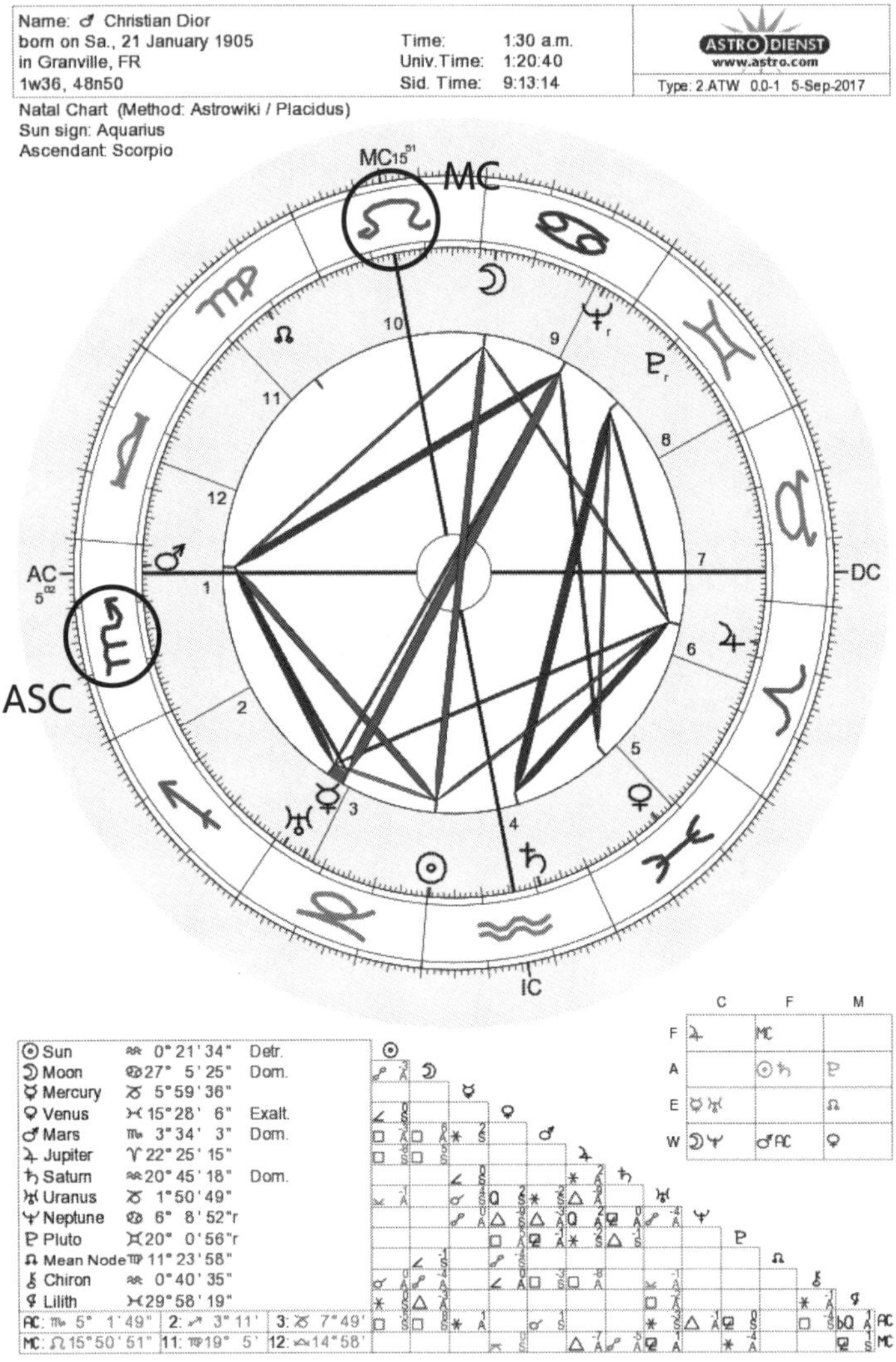

Name: ♂ Christian Dior
born on Sa., 21 January 1905
in Granville, FR
1w36, 48n50
Time: 1:30 a.m.
Univ.Time: 1:20:40
Sid. Time: 9:13:14
ASTRO DIENST
www.astro.com
Type: 2.ATW 0.0-1 5-Sep-2017
Natal Chart (Method: Astrowiki / Placidus)
Sun sign: Aquarius
Ascendant Scorpio
MC
ASC
AC
DC
IC
Sun ♒ 0° 21' 34" Detr.
Moon ♋ 27° 5' 25" Dom.
Mercury ♑ 5° 59' 36"
Venus ♓ 15° 28' 6" Exalt.
Mars ♏ 3° 34' 3" Dom.
Jupiter ♈ 22° 25' 15"
Saturn ♒ 20° 45' 18" Dom.
Uranus ♑ 1° 50' 49"
Neptune ♋ 6° 8' 52"r
Pluto ♊ 20° 0' 56"r
Mean Node ♍ 11° 23' 58"
Chiron ♒ 0° 40' 35"
Lilith ♓ 29° 58' 19"
AC: ♏ 5° 1' 49" 2: ♐ 3° 11' 3: ♑ 7° 49'
MC: ♌ 15° 50' 51" 11: ♍ 19° 5' 12: ♎ 14° 58'
C F M
F A E W

は、ＡＳＣ蠍座とＭＣ獅子座と、水瓶座の太陽をわかりやすく象徴しているような例です。

ルイーズ・ヘイは、ＡＳＣが獅子座で、ＭＣが牡羊座。どちらも火の星座ですので、情熱的かつエネルギッシュに使命を果たす人となります。

火は、「創造」のエネルギーが強く、わきあがる情熱から何かを起こす人となります。ＭＣ牡羊座はリーダーやパイオニア、創始者となることが社会的使命です。ルイーズ・ヘイはある本の企画を出版社に持ち込んだものの、その企画が通らなかったため、ヘイハウスを創業したそうですが、ＭＣの牡羊座から見ると、魂のプランであり、天命であったことがうかがえます。

獅子座は自己を表す星座です。自分がしたいことをしたり、自分のために何かをしたり、個人的な趣味を追求していたら、いつの間にか、それが社会的な使命につながっていた。それが起業であり、ヒーリングメソッドの確立であったのです。

ルイーズ・ヘイは自分が病気になったり、人生で苦悩したことで自分を癒す方法を一途に探し求め、それをヒーリングメソッドとして確立しました。

ルイーズ・ヘイのホロスコープ

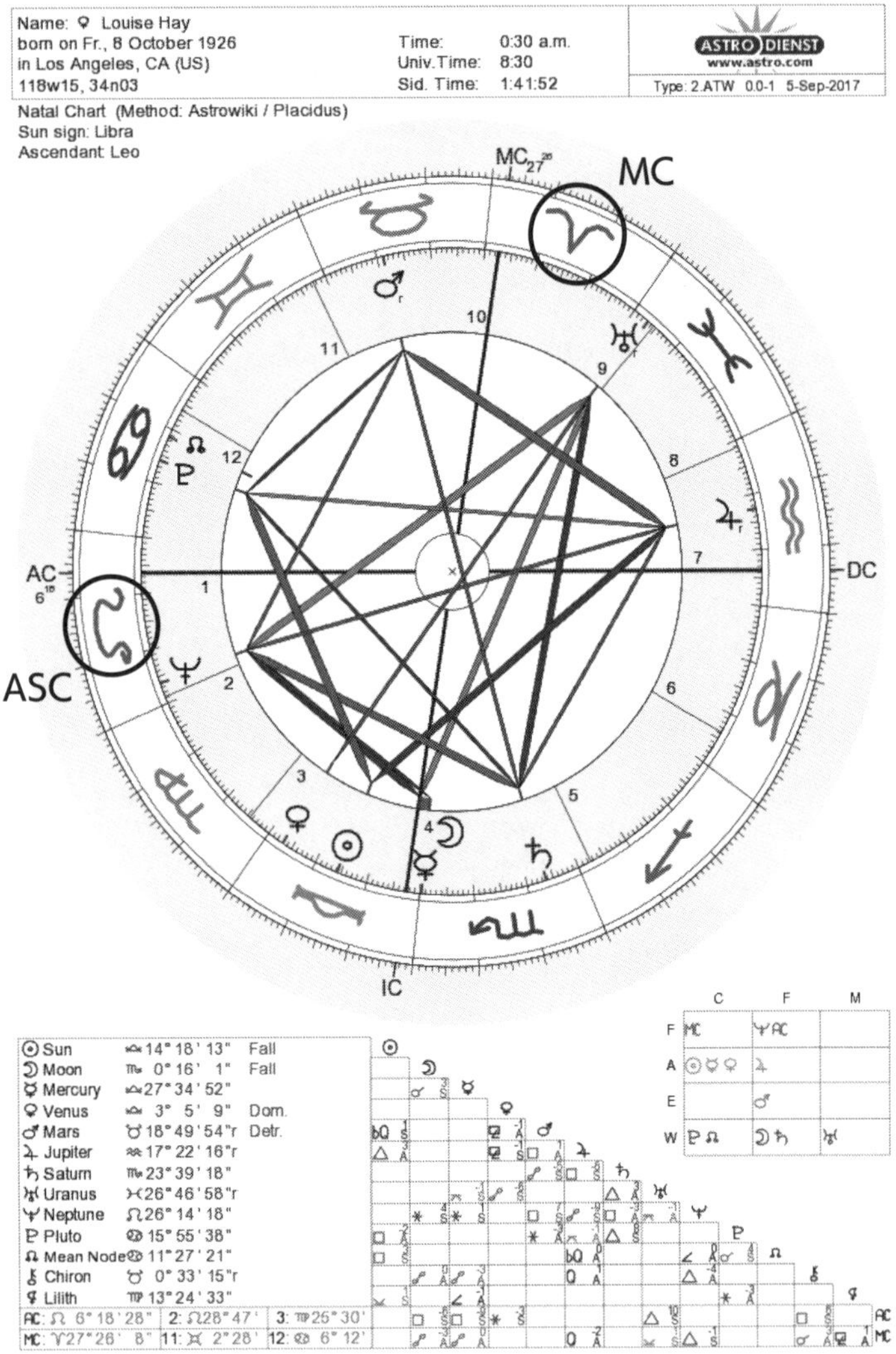

これはとてもＡＳＣ獅子座的です。

それでは、ネータルホロスコープのＡＳＣとＭＣの組み合わせから、あなたが今回の人生でどんな乗り物（肉体）で、何を目指し、どんな役割を担おうとしているかという目標（ゴール）を読んでみましょう。

ＡＳＣとＭＣが教える天命とあなたが目指す場所

ＡＳＣ牡羊座×ＭＣ山羊座

牡羊座も山羊座も活動宮に属する星座であるため、アクティブかつ積極的に目的に向かって進む人となります。

まだ、人が手がけていない分野を切り開き、それをもとにビジネスを立ち上げたり、形にする才能があります。行動力と強い意志力、持久力を発揮し、組織の中で上り詰めていく仕事人間やキャリア志向の方によく見られる組み合わせです。

現実的な社会の中で、目標を達成したり、成果や結果を出し、実益を社会にもたらすことが社会的な使命です。

リーダーシップを発揮しやすく、組織や会社を作って、創始者、創業者となることもあるでしょう。何かを達成したり、出世したり、地位を手に入れたりすることで強い満足感を得ます。

「勇敢さ」と「継続力」が人生を切り開くカギとなります。

ASC牡羊座×MC水瓶座

チャレンジ精神が旺盛で、勇敢。積極的です。進歩的で独特な発想力をする、時代の最先端を走っているような人となります。

社会的な使命は、その独創性と先取り精神で、新しいものを生み出したり、発明したりして、人や社会を大きく変えたり、人々の意識の目覚めや解放をうながすことです。社会の中に、新しい思想や価値観を持ち込んで、改革をうながす役割もあるでしょう。

アイデア力に優れ、ユニークで人と違う発想をするため、何かを企画したり、創作的な分野で輝きを放ちます。

時代の先を行っているので、まわりから驚かれたり、共感を得られないこともありますが、気にせず、自分のひらめきや直感を信じましょう。

あとから時代がついてきます。

ASC牡牛座×MC山羊座

現実的で忍耐強く持続力があり、保守的でコツコツと目標に向かって努力していく「継続は力なり」の人です。

しっかりと地に足をつけ、一歩一歩着実に進み、手応えを実感しながら、目標を達成し、結果を手にする。魂はそんなヴィジョンを持って地球にやってきています。

社会的な使命は、牡牛座のこだわりや優れた五感や審美眼で見つけ出した「これっ」というものを何らかの形にしたり、それをもとにビジネスを手がけたりすることです。

「好き」やこだわりを活かせるような仕事ができる会社や組織に関わるとよいでしょう。

誠実さと安定感によって、まわりの人から信頼され、責任のある地位につき、確かな実績を残します。

金融や不動産などお金に関することにも関心が高く、それらを通して、天命を果たす人もいるでしょう。

ASC牡牛座×MC水瓶座

斬新な発想力と独創性を持つ人です。持って生まれた才能や個性、資質を発揮して、オリジナリティあふれるものを作り上げ、人や社会に新しいものをもたらしたり、古い価値観や不要な慣習から人々を自由にすることが社会的な使命です。

今までになかった歌や曲、漫画やアニメ、ストーリーを作るといった創作活動、ユニークなアイデアを商品にしたり、技術革新などによって、より快適な暮らしを人や社会に提供したりすることで役割を果たすこともあるでしょう。

自分らしさを大切にしながら、好きなことにコツコツと取り組むことが使命や天命につながっていきます。

自分のペースで何かをしたり、自由を愛するため、フリーランスやマイペースにできる職業、独立自営でできる仕事のスタイルが合っています。

ＡＳＣ双子座×ＭＣ山羊座

知的好奇心が旺盛で、変化と刺激を求める気持ちが強いため、多方面に関心を広げたり、若い頃はいろいろな仕事をしたりするかもしれません。その中から自分に合うものを見つけて、継続していったものが開花し、社会的な地位や評価につながります。

ＭＣ山羊座は組織化したり、構造を作ること、継続することによって、人や社会に実益を生み出すことが社会的な使命です。

ＡＳＣ双子座は、コミュニケーション能力に優れているため、営業職や販売などで活躍できるでしょう。また、多才さや、文筆能力などを発揮することで会社に実利をもたらしたり、成功をおさめることもあります。

若いうちにいろいろなことを学んだり、多くの経験をすることが天命を果たすことにつながります。

ASC双子座×MC水瓶座

賢く聡明で、常にさまざまな知識や情報を取り入れながら、それに流されることなく、理性的な判断ができる人です。集めた情報や学びに自分独自の視点を加えたり、オリジナルなメソッドにして、人に伝えたり、教えることで、意識を変えたり、古い信念を取り除くことが社会的な使命です。

同じ趣味や目的を持つ人たちと交流したり、サークルや学びの同好会などを作り、新しい情報や価値観を伝えあうことが仕事や社会活動に結びつきやすいでしょう。

フリースクールなど今までの形態にとらわれない教育スタイルを構築したり、才能教育、マスコミ関係などを通じて、天命を果たすこともあります。

また、独創性やひらめきを執筆活動や創作活動と結びつけ、多くの人に新しい情報や考え方を提供することができます。

ASC双子座×MC魚座

柔軟性があり、社交的で誰とでもうまく合わせられる人。明るく軽やかに振る舞いながらも、人の気持ちに敏感で、相手に応じて、自分を変えることができます。奉仕精神も旺盛なので、サービス業や人と交流する仕事に向いています。

社会的な使命は、対話力と直感力を活かして、人や社会の潤滑油となったり、夢や希望を与えることです。

巧みな話術を活かして、場を盛り上げたりできるので、接客の仕事や水商売、カフェ経営、占いやスピリチュアル関係の仕事、ヒーラーなどにも適正があります。

豊かな想像力と芸術性、文才を活かして、童話作家やシンガーソングライター、作詞などを通して、人や社会に夢を与えたり、メッセージを伝えることで天命を果たす人もいます。

ASC蟹座×MC水瓶座

親切で情愛豊かであると同時に繊細でとても感じやすく、過敏な神経を持つ人です。記憶力と豊かな発想力が持ち味で、ひらめき、アイデアによって、暮らしを快適にしたり、改善するのが社会的使命です。料理や掃除などの家事労働を楽にする面白い方法やアイデアなどをたくさん知っていたり、既存のものにちょっとしたひねりを加えることでよりよくすることが得意です。それを人と分かちあったり、共有したりすることによって、社会的な地位や立場を得やすいでしょう。

自分に価値観が近い人や同じ雰囲気を持つ人、共感できる人と交流することを好み、タテ社会や序列があるところは苦手かもしれません。

誰も彼も参加できるオープンなコミュニティより、自分に属性が近い人たちが多くいる場所で安心感を覚えるでしょう。

ASC蟹座×MC魚座

繊細で感受性が鋭く、直感力に優れています。家庭的で人を包み込むような優しさを備えています。人を癒したり、サポートしたり、芸術、芸能など豊かな感性を表現することが社会的な使命です。

癒しや人の世話をする仕事、ヒーリングや医療関係、福祉関係などを通じて天命を果たすこともあるでしょう。

また、豊かな想像力があり、芸術的な才能にも恵まれているため、アート関係、音楽、舞踏、芸能関係などの仕事への適正もあります。

人や社会に感動を与えたり、理想を提示する役割もあるため、映像やヴィジュアル、イメージなどを用いた分野、アニメ、映画制作などにも縁があります。

気さくさや庶民的な感覚で大衆ウケしやすい面もあり、お笑い芸人やタレント、アイドルなどにも向いています。

ASC蟹座×MC牡羊座

直感的で、思い立ったら即行動に移すようなところがあります。

生活力に富み、ぬくもりやハートを大事にし、家庭的なことや日常の細かいことが得意な人も多いでしょう。

MC牡羊座の社会的な役割はリーダーシップを発揮したり、新しいものを作り上げたり、何かの草分け的な存在になること。

ASC蟹座は世話好きで仲間意識が強く、面倒見の良さもありますが、一方で、防衛本能や警戒心の強さもあり、肌が合う人、合わない人を一瞬で見抜くようなところもあります。

そのため、安全な環境の中で人と心の交流をはかったり、助け合ったりできるコミュニティを築き、その中で、人を導いたり、新しい提案をすることに向いています。

オリジナルなものを作ったり、未開拓の分野を切り開くパイオニアとなることで天命を果たす人もいますが、ゼロから立ち上げるより、模倣から始め、次第に独自のスタイルを築いたほうがスムーズでしょう。

ASC獅子座×MC牡羊座

エネルギッシュで創造性あふれる「火」のサインにASCとMCを持つ組み合わせで、何かを生み出すパワーが強い人です。

MCの牡羊座は、社会に新しい物事を持ち込んだり、新しいことに挑戦していく役割を持っています。リーダーシップを発揮したり、新しい分野を切り開くパイオニアとなったり、アスリートやスポーツなどで競争したり、何かと戦ったり、人に勇気を与えるような形で使命を果たす人もいます。

ASCが獅子座ですので、個人的な趣味や喜びを追求していたら、いつの間にか起業していた、新しい分野を切り開いていた、トップに立っていた、その道の第一人者だったという感じです。

結果や成果よりも、「好き」「楽しい」、感動を追求することで道が開かれていきます。

反対に結果を出そうと意気込んだり、情熱がないことをすると本来の力や個性が発揮しにくいでしょう。

ASC獅子座×MC牡牛座

明るく楽しいことが好きで創造性豊かな人です。獅子座も牡牛座も個人的な楽しみや感覚を大事にする星座。

だから、自分自身が愛や喜びを感じることを追求していたら、いつの間にかその道の専門家になっていた、それが仕事になっていた。

これがもっともASC獅子座×MC牡牛座らしい形です。

そのため、天命を果たすには、自分らしさや自分が大事にしていることを尊重し、自分らしく表現することが重要です。

「これが好き」「これをしていると時間を忘れてしまう」それを時間をかけてコツコツと積み上げていくといつしか天職へとたどり着くでしょう。

人生を楽しんだり、豊かにするものを人や社会にもたらすことが、社会的な使命です。

美味しいものを作り人を幸せな気持ちにするシェフやパティシエ、芸術家や歌手、職人などに適性があります。

五感を活かして、専門性を極めることで自ずと社会的な地位を得るでしょう。あれもこれもするよりも1つのことを信念を持って続けることが大事です。

ASC獅子座×MC双子座

楽しいことが大好きで好奇心も旺盛。遊び好きでいろいろなことを試してみたい人です。そうして、見たこと、聞いたこと、体験したこと、手に入れた物を発信したり、

「やってみたい！」

という人がいれば、ツアーやイベントを企画して連れて行ったり、

「私も欲しい」

と言われれば仕入れて販売したり……。

そう、こんなふうに人や社会に新情報をもたらしたり、物を流通させていくことが

この人の社会的な使命です。

ワクワクすることは手当たり次第でもいいからしてみること、そのうちのいくつかが天命や天職につながります。飽きっぽいところもあるので、仕事や肩書は2つ以上持っていたほうが精神的に満たされるでしょう。

ASC乙女座×MC牡牛座

謙虚で生真面目。何事もコツコツと地道に取り組むタイプ。安定を好み、堅実な生き方をしながら、自分の目指すものを作り上げていくでしょう。実際的で役立ち、価値あるものを人や社会に提供したいという気持ちが強く、健康や実務に関わる分野で専門性を発揮しやすいでしょう。

優れた分析力や識別力、五感を使って、人や社会が経済的に発展するように貢献したり、健康的で安全な暮らしをするサポートをすることが社会的な使命です。

自分の特性や資質を活かしたことを磨き、特定の分野に絞って磨きをかけることで、社会的な地位や評価を手に入れます。

秘書や経理、金融関係や医療、保健衛生に関する分野でプロフェッショナルとして、天命を果たす人もいるでしょう。

ASC乙女座×MC双子座

柔軟性があり、頭の回転が速く、観察力や識別力に優れています。ディティールにこだわるため、特定のテーマについて調べたり、分析したりするのに向いています。その収集したデータや情報、知識を人に伝えたり、問題を見つけ出して、是正していくのが社会的な役割です。

教育関係全般、お稽古事の先生、師匠やレビュアー、批評家、マスコミ関係に適正があり、それらを通じて天命を果たす人もいるでしょう。

マメでフットワークの良さもあり、好奇心も旺盛なため、1つの分野だけに特化しようとするとストレスを感じたり、迷いが出ることもあります。

肩書が複数になりやすく、副業などをしやすい運もありますので、いくつかのことを並行して行うのがよいでしょう。

ＡＳＣ天秤座×ＭＣ蟹座

チャーミングで人当たりが良く、まわりからの好感度が高い人です。活動的で世話好きで、身内思い。情に厚く、面倒見の良さもあります。人の気持ちを敏感にキャッチし、うまいバランスで接するのが得意です。

ＭＣ蟹座の社会的な使命は、人を養育したり、人が社会の中で自分の居場所を確保して、安心して暮らすことを助けることです。

家庭生活の充実をもたらす衣食住に関わる分野、住宅、不動産、インテリア、洋裁、手芸、調理などに関するサービスを提供したり、人を世話したり、育てたり、感情に寄り添うことで使命や天命を果たしたりします。

カフェ経営やレストラン、ペンション、家内工業、家族経営の会社など、家族や身近な人と一緒に働いたり、仲間内でコミュニティを作って何かを展開する人もいるでしょう。彼らはみな魂の家族です。

ASC天秤座×MC獅子座

華やかな魅力の持ち主でゴージャスな雰囲気がするタイプです。今回の人生では、自分自身の才能や個性、魅力を発揮し、人気や注目を集めたいと願い、魂はあなたの肉体を選びました。

恵まれた容姿で人を惹きつけ、いろいろな人とつながりながら、創造性を発揮し、人や社会に生きる喜びを与えたり、楽しみを提供することでそれが叶えられるでしょう。そして、それこそがあなたの社会的な使命です。

レジャー関係や芸能、舞台関係、イベント企画など、人を楽しませることを通して、天命を発揮する人もいるでしょう。

プロデューサーやプロモーター、宣伝業などで、人や物に力を与えたり、イベントを盛り上げたり、スポーツなどを通じて青少年の育成や指導、子供に関わることをすることにも適性があります。

ASC蠍座×MC蟹座

ASC、MCともに、「水」の星座。情緒的なものや心の絆を大切にする人です。直感力や洞察力、鋭い感受性を発揮することで、社会的な使命を果たします。人の心の奥にある感情に寄り添ったり、奥に秘めたものに焦点をあてる心理カウンセラーや占い、スピリチュアル関係、看護師や介護士、保育士など、人の世話や介護をしたり、自分が帰属する社会の中で人を助けたりする仕事、家や相続など、血縁や家族の中で生じる問題をサポートしたりする仕事などを通じて、天命を果たすこともあります。

社会における人間関係は深く狭くになりがちで、秘密を共有したり、心の深い部分でつながっている人と信頼関係を築き、彼らの援助によって社会的に活躍したり、地位を得るでしょう。

ASC蠍座×MC獅子座

強い存在感や個性、創造性を発揮し、人や社会に生きる喜びや楽しみを提供するのが社会的な使命です。獅子座の創造性や表現力にASC蠍座の探究心や洞察力、マニアックさが加わり、頑固で、安易に世の中に迎合せず、自分が、これと思ったものには徹底的にはまり、独特のこだわりや趣味を追究し、オリジナリティをあふれる世界観を構築し、表現する人となります。

神秘的な雰囲気や霊的な能力を有する人もいます。

芸能関係、クリエイターや芸術家、デザイナー、エンターテイナー、独特のセンスを多くの人に向けて、表現する人などが多くいます。

自分軸をしっかり持ち、自分の美学やセンスをつきつめていくことで社会的な評価や地位を得るでしょう。

ASC蠍座×MC乙女座

洞察力や観察力が鋭い人です。分析力や、詳細さと専門的な知識や技術を使って、人や社会に秩序や健全さをもたらすことが社会的な使命です。特定の分野のスペシャリストとなったり、深く掘り下げていくことで人や社会に貢献できるでしょう。医療や健康関係、心理分析、会計処理など分野は違えど、表に出ていない問題点などを明らかにし、状況を整理したり、混沌とした事柄をクリアにしていくことで天命や使命を果たす人もいます。

繊細で生真面目、何事も徹底的にしたり、人の内面や隠していることが見えてしまうようなところもあり、ストレスを抱えやすいかもしれません。

人との一定の距離や一人の時間を持つことが重要。

どこにいっても通用する専門性を身につけ、何かのスペシャリストになると使命を発揮しやすいでしょう。

ＡＳＣ射手座×ＭＣ乙女座

オープンで楽観的、視野が広く、探求心が旺盛。いろいろなことに首を突っ込んでみたいタイプですが、社会的な役割のＭＣが乙女座であるため、その中から特定の分野に絞ったほうが、有能さを発揮できます。

分析力や観察眼を発揮して、ごちゃごちゃしている状況に秩序をもたらしたり、整理整頓したりすることを通じて、社会的な功績をあげることができます。健康や癒しに関係する分野、法律関係、教師や講師、秘書など、知性や細やかさを活かせる分野、人を実際的にサポートする分野に向いています。ＯＬさんをしながら、副業で、ヒーリングやコンサルタントやカウンセラー、アドバイザーなどをする人もいるでしょう。

自分の感性やオリジナルなアイデアよりも、分析データや数値、客観的な知識を扱って、状況を整理したり、アドバイスなどをするほうが、評価を得やすいでしょう。

ASC射手座×MC天秤座

活動的で行動範囲が広く、思い立ったらどこへでも気軽に出かけていくようなフットワークの良さがある人です。社交的で対人交渉力に優れ、広い人脈を持っているでしょう。さまざまなタイプの人とオープンに交流し、お互いに協力したり、協調しながら、幅広い体験をしようとします。人や社会がより美しく、洗練されることを目指しているため、ファッションや美容業界に関わる人もいます。しかし、外面のみならず、精神性も磨こうとするのがこの組み合わせ。人と人とをつないだり、智慧《ちえ》やセンス、哲学を持つ人をまわりに紹介したり、広めたりすることも社会的な役割です。人との出会いから影響を受けるため、自分なりの哲学や思想を大切にしながらも、仕事などは、柔軟に変化していく傾向があります。

ＡＳＣ射手座×ＭＣ蠍座

ＡＳＣ射手座もＭＣの蠍座も探究心が旺盛。そのため、この組み合わせを持つ人は、人や社会の裏側や隠れている部分を探ったり、明らかにすることに強い関心を持つでしょう。それがそのまま、社会的な使命となる人です。研究職や学術関係、心理学者、精神世界、宗教関係、神秘学、オカルト、占いなどに適性があります。木星や冥王星の位置によっては、神秘思想家や宗教などの教祖になる場合もあります。

また、冒険心や大胆さもあるため、真実を探ってそれを伝えるジャーナリストや探偵、警察官、国家機密などに関わる人もいます。

個人レベルよりも、大企業や公的機関などで、スケールの大きなテーマに挑んだり、グローバルな形で行うことに向いています。

ＡＳＣ山羊座×ＭＣ天秤座

落ち着いていて、真面目な人柄で、地道にコツコツ取り組むのは苦にならないでしょう。責任が強く、仕事で有能さを発揮する人も多くいます。

ＭＣ天秤座は、人や社会にバランスや調和、美、平和をもたらすのが社会的使命ですが、ＡＳＣ山羊座だとそれを実際的に行ったり、ビジネス的に行う傾向があります。アクセサリーや化粧品などの美容関係の仕事をしたり、対人交渉力に優れているため、人と人、組織と組織をつなぐ仕事、仲介業やブライダルビジネス、交渉人や代理人で天命を発揮する場合もあります。

いろいろな人とつながることが仕事に結びつきます。また、自分がしたいことだけではなく、頼まれたことをしていくうちに天命へと導かれることもあるでしょう。

ASC山羊座×MC蠍座

野心的で行動力あふれる人です。持久力と忍耐力があり、1つのテーマを追い続け、深堀りし、その知恵を人や社会にもたらしたり、解明することが社会的な使命です。大企業やしっかりとした組織に縁があり、信用や大きな資本などの強固な後ろ盾を得ながら、個人ではできないレベルのことをしようとするでしょう。権力に縁があり、特殊な地位や肩書を持つ場合もあります。いずれにしても、コツコツと地道な努力を重ね、人や組織と深く結びつくことで地位や立場を築きます。会社や組織を再生させたり、改変することが天命となることもあるでしょう。

ASC山羊座×MC射手座

野心的で目的に向かって努力することを厭《いと》わない人です。大胆で責任感が強く、管理能力にも優れるため、大きな組織を作ったり、乗り物を整備したり、社会のルールや決まりを作ったり、世界中に支店を持つような会社や組織を作ることもあるでしょう。

社会的な使命は、遠い場所から人や物を運んだり、流通させたり、何かを広めたりすることです。また、法律や公的機関、海外とも縁ができやすい人です。

運輸や旅客機、ロケットなどの開発に関わったり、弁護士や法律関係に従事したり、貿易などを通じてそれを行う場合もあります。

また、経営哲学などの本を出版して、講演などを行ったりする場合もあるでしょう。語学や国際感覚を磨き、思想や哲学など、幅広い教養や知識を身につけておくことが、天命につながります

ASC水瓶座×MC蠍座

知的で探究心あふれる人です。集中力があり、ひらめきや発想力にも恵まれている天才肌。自由で独特な感性を持ち、まわりに迎合せず、オリジナルな方法で、興味を持ったことを深く掘り下げていくタイプです。他の人が関心を持たないようなことを

調べたり、研究し、新たな発見や発明をする人もいます。

社会的な使命は、表面だけではうかがいしれないような物事の背後で起きている出来事や真実を探ったり、明らかにすることです。

学者や研究者、宇宙関係や技術関係、神秘的な分野や一風変わった独創的な分野の権威者となる場合もあります。

個人よりグループや組織で大きなテーマを追いかける傾向があります。

物事を受け継いだり、再生、復活させたり、秘密や機密に関わること、生死に関することが社会的使命となる人もいます。

ASC水瓶座×MC射手座

おおらかでさっぱりしていて自由を愛する人。何かに縛られるのを嫌い、型にはまらない生き方をするでしょう。広い視野を持ち、行動範囲も広いため、海外などにも気軽に行くタイプで、世の中の慣習やルールなどにとらわれず、自由気ままに放浪する生活をする人もいます。異国の地や異文化で知ったこと、違う民族の生き方や思想、哲学に関心を持ったり、遠く離れた国で起きていることを伝えたり、この地にない商品を持ってきて、販売したり、広めたりすることが社会的な使命です。

精神的なものを重視するため、真理を求める探求者や思想家、伝道師として天命を果たす人もいるでしょう。知性は高く、大学教授やアカデミックな学問に関わることもあります。

ASC魚座×MC射手座

感受性が鋭く、敏感で、豊かな想像力と直感力に優れています。ピュアな理想主義者でもあり、夢見がちなところもあるでしょう。この組み合わせは「信仰」や宗教に関わりやすく、特定の思想や哲学、法則を伝えたり、広めたりすることに関わります。そして、それが社会的な使命です。

宇宙や目に見えない世界からの情報を受け取り、それをアートやイラストに描いたり、音楽や歌を通じて、人の無意識に働きかけるような形でメッセージを届ける人もいるでしょう。出版や広告など、メディアにも関わりやすく、啓蒙活動や何かの普及活動をしたり、社会に広く、情報やニュースを伝えることで、天命を果たす人もいます。海外や外国関係、旅行などに行くことも多く、人や物を遠い場所から運ぶ役割もあります。

第6章

魂の方向性（ドラゴンポイント＝ノード軸）

「ホロスコープで、人生を開運するにはどうすればいいですか？」

と誰かに聞かれたら、

「ネータルホロスコープのドラゴンヘッドのテーマに取り組むことです」

そう答えるでしょう。

でも、これは、「言うは易く行うは難し」でもあります。

講座などで、ドラゴンポイントを扱うと、ほとんどの人が、ドラゴンヘッドのサインやハウスに関することは、

「苦手」

「腰が重い」

「勇気がいる」

と言います。私も同じです。でも、ある時期から、ネータルホロスコープのドラゴンヘッドのテーマに意識的に取り組むようになりました。

ドラゴンヘッドは、魂が今生で目指すべき方向を教えてくれます。

それは、その人が人生をかけて取り組むべきテーマであり、今生の使命です。それは、ASCとMCが示す社会的使命より、もっと大きな魂の進化や目的に関係するも

のです。

だからこそ、その示す事柄をすると、人生が拡大するようなチャンスが舞い込んだり、良い出会いがたくさんあるのです。

私がドラゴンヘッドのテーマに取り組もうと思ったのは、その理論が本当かどうか検証するためです。

使命を生きたとき、人生はそうでないときよりも、ずっとスムーズになるはずです。

なぜなら、それを肉体だけの自分で果たすことはありえません。

ハイヤーセルフや高次元の存在たちとともに行い、ベストなタイミングで、霊的な導きや時空を超えた人たちとの縁、必要なサポートがやってくるはずです。

逆に、やることなすことうまくいかない八方塞がりは、「あなたのすることは、そっちじゃありませんよ」という魂からのサインです。

実際、ドラゴンヘッドのテーマに取り組んでみてどうだったかというと、「ドラゴンヘッドはすべてを超える」です。

少々大げさな表現ですが、究極の開運法というか、ホロスコープに示されている課題や悩みを乗り越えるカギであり、もっとも効き目のあるツボを押しているようなもの。そんな印象です。

ドラゴンヘッドの示すテーマは、最初こそ、自分にそれができるのだろうかと、自信がなかったり、一歩踏み出すのに勇気がいることです。

でも、ひとたび、それを始めたら、

「面白い！」

「ワクワクする」

と情熱や喜びを強く感じます。

そして、なぜだかわからないけど、誰かが応援してくれたり、個人レベルでやっていたことであったとしても、その活動が広がるようなチャンスが舞い込んできたりします。

私もそれをし始めたら、それまでよりもずっと、魂やスピリチュアルガイドとのつながりを感じるようになりました。そして、いつの間にか、ソウルグループの人たちとの関わりが増え、いつも、その中の誰かが新しい扉を開いてくれたり、進むきっかけを作ってくれるのです。

もちろん、これは、私一人に限ったことではありません。セッションや講座などで多くの方のホロスコープを観ていて多くの人がそうであることを実感しています。それはドラゴンヘッドが縁や公衆に関わるポイントだからです。

だから、今は、ドラゴンヘッドのテーマに取り組むと人生は大きく変容する！　と断言できます。

さて、そんなドラゴンポイントとはいったいなんでしょうか？

これは、星ではありません。

天球上で、太陽の通り道である黄道と月の軌道・白道が交わるポイントのことです。

別名ノードとも呼ばれます。

ドラゴンヘッド（ノースノード）は、月の軌道（白道）が黄道を南から北へと横切るポイント。

ドラゴンテイル（サウスノード）は、月の軌道（白道）が黄道を北から南へと横切るポイント。

ドラゴンヘッドとテイルは、ホロスコープ上では180度となり、1本の線になることから、ノード軸とも呼ばれます。

日食、月食は、このドラゴンポイント付近で新月や満月になったときに起こります。ドラゴンという呼び名は、古代の人が、まるで大きな龍が太陽や月を飲み込んでいるようだと考えたことがそのいわれだそうです。

ドラゴンポイントは、黄道帯をゆっくりと逆行していて、約18・6年かけて、12星座を一周します。12星座を牡羊座→牡牛座→双子座ではなく、牡羊座→魚座→水瓶座へと逆回りに進みます。

スピリチュアル占星術では、ドラゴンポイントは、「この世」と「あの世」との境目で、魂が地球に生まれるときに通過する場所であり、魂のカルマやリソースなど転生に関すること、時空を超えた「縁」、にまつわる情報が示されていると考えられています。

ドラゴンポイントは太陽と月の通り道の交点であるため、太陽と月の意味合いも含まれます。

ドラゴンヘッドは、太陽の意味に近く、その人の人生の目的や人生をかけて取り組むテーマを示します。一方で、ここは、魂にとっては経験値が低い分野でもあり、他の転生であまりしたことがないことです。つまりは、「未知の領域」です。そして、それをすることが、成長や発展へとつながるのです。

ドラゴンテイルは、月に似ていて、過去生や転生において、魂が培った経験の蓄積です。魂が転生を繰り返しながら、身につけたり、発達させてきた才能や強み、恩寵です。また、カルマ的なこともあらわします。

ドラゴンテイルのあるサインやハウスに関する事柄はその人にとって、比較的楽にできる得意分野や強みです。それは、過去生でさんざんやってきたことだからです。

でも、そればかりしていてもあまり、成長はしない。それがドラゴンテイルです。


また、魂に経験が蓄積されているということは、それは、ときに、偏った思考や価値観の要因となります。


たとえば、辛い修行三昧の人生を数多く経験しているとしたら、

「人生は苦しいもの」

「日々コツコツ頑張らないと、悟りには到達できない」

という思い込みが魂に刷り込まれているかもしれません。

一方、遊んでばかりの人生だとしたら、

「人生はパラダイス！」

「地球は肉体があって、美味しいものもたくさんあって、楽しくて、気持ちよくて、最高！」

と思っているかもしれません。

同じ地球での体験の印象1つとっても、魂の経験によって、捉え方はさまざまです。

このように偏ったもののバランスを整え、統合するために、ドラゴンポイントは、180度（真反対）の関係なのでしょう。

ドラゴンテイルに関することばかりしていると、魂の偏りがさらに強まり、バランスが悪くなる。

だから、ドラゴンヘッドのあるサインやハウスに関することは、経験が少なく、不慣れなことですが、それをすることで、偏ったものの見方や思い込み、パターンなどが修正され、バランスがとれていく。

と同時に、魂の経験が増えるため、幅が広がり、成長し、幸運を引き寄せることができるのです。

したがって、魂を進化させるためには、意識的にドラゴンヘッドのテーマに取り組むことが重要なのです。

それは、ドラゴンヘッドだけに取り組んで、ドラゴンテイルをまったくしないということではありません。ドラゴンテイルは慣れ親しんだ事柄なので、人は自然にその分野をしてしまいます。

ドラゴンテイルは月に関係し、月は家や家庭をあらわします。つまり、ドラゴンテイルは、疲れたらそこに戻ってくるホームのような場所なのです。

魂の進化の過程では統合が不可欠です。

ドラゴンポイントの180度の関係は、魂が進化する上で、統合していく課題を示します。

慣れ親しんだテイルと挑戦となるヘッドの間を行ったり来たりすることで、そのテーマが統合されていくのです。

ドラゴンヘッドは使命なので、天職や天命にも関係します。

ネータルホロスコープのドラゴンヘッドが地平線より上（7ハウスから12ハウス）にあれば、人生の前半で天職に出合い、下（1ハウスから6ハウス）なら、人生の後半に天職に出合うという理論もあり、実際に多くの人を見ていると、これは、かなり適合しています。

私のドラゴンヘッドは地平線より上にあります。そして、今の職業はネータルホロスコープのドラゴンポイントに関係する分野で、使命なのだろうと思っていますが、始めたのは30歳くらいです。

人生の前半をいつまでとするかは明確ではありませんが、40歳くらいが境目になるのではないかと思われます。

ドラゴンヘッドは18・6年で一周し、18〜19歳頃、36〜37歳、55歳〜56歳が、出生の場所に戻ってくる時期となりますので、その頃に大きな転機を迎える人もいます。

この時期は、魂が目指している方向に進むために必要なリセットや変化が起きてきます。よって、その頃に天職へと進み始める人もいるでしょう。


それでは、ネータルホロスコープのドラゴンポイントを読んでみましょう。

Astrodienst（http://www.astro.com/horoscopes/ja）のサイトでホロスコープを作成した場合は、出生図の「真正月節」（True Lunar Node）と書かれている部分がドラゴンヘッドです。

ドラゴンテイルはその反対にありますが、通常はドラゴンヘッドのみを表示します。たくさんの天体や感受点を出しすぎるとホロスコープがゴチャゴチャして読みにくくなるので、ヘッドを出せば、テイルは反対にあると認識するのです。

ドラゴンポイントで読み解く
魂の成長のテーマと過去のリソース

ドラゴンヘッド：牡羊座、ドラゴンテイル：天秤座

あなたはこれまでの転生において、人と協力したり、調和して生きることを重視してきました。また、パートナーの力によって、何かを達成したり、まわりの意見を聞きながら決断をしてきたのです。

それゆえ、他者と関係を築き、調和すること、公平さやバランス感覚はあなたの魂に蓄積されています。どこで一致点を見出すか、どうすれば、他者と協力しながら生きることができるか、パートナーの力によって一人ではできないことが可能になることも知っています。また、受け身でいれば、あなたは周囲と揉めることなく穏やかな生活ができ、面倒なことをまわりがしてくれることも知っています。

でも、あなたの魂が成長するためには、これまでどおりにまわりに合わせ、受動的

に生きるのではなく、自分の欲求のため、自発的に行動し、そのための能力や個性を磨くことが重要です。チャレンジ精神と自立心を発揮して、人の後ろをついていくのではなく、リーダーや先駆者となること。すでに誰かが作ったものを継承するのではなく、何もないところから立ち上げたり、荒野を切り開くようなことをすることです。

楽な方向に流されずに勇気を出して、あなたの内なる欲求を実行に移しましょう。

最初は孤独に感じても、過去生や転生においてあなたと関わったパートナーや協力者たちが、ベストなタイミングであなたをサポートしてくれるはずです。

◆魂の成長につながるテーマ、方向性

独自の個性を磨き、それを表現する。自立。勇気。自信を持つ。自分自身でいること。誰かの承認を得なくても自分がしたいことをすること。リスクをとる。チャレンジする。自分の欲望にしたがって行動する。決断力、行動力を磨く。

◆転生で蓄積したリソースや持ち越してきた課題

人間関係の調和とバランス。協調精神。公正さ。客観性。他人の目から見た自分を

意識すること。公平さ（フェアであること、ギブアンドテイク）への固執。誰かの力に頼ること。重大な決定や判断の際に他者の意見を聞いたり、ゆだねること。依存心、依頼心。理想のパートナー探し。

ドラゴンヘッド：牡牛座、ドラゴンテイル：蠍座

あなたはこれまでの転生では、特定の人と深く関わり、それによって、さまざまな経験をしてきました。彼らはあなたに力や財力、富を与えたり、あなた一人ではたどり着けない世界へと導いてくれたり、夢のような体験をさせてくれたこともあります。あなたは、現世でも人の本質を鋭く見抜く洞察力や見えないものを見通す力を持っているはずです。それは、誰と結託すれば、力を得られるかを探り続けた過去生で身につけたものです。その一方で、しがらみや妬《ねた》みやひがみといった問題に悩まされたこともあるかもしれません。また、他者と一体化しすぎたり、他者の後ろ盾を得るため、自分の意思や感性を封じこめて、好きでもないものを好きと言ったり、気に入ったフリをしていた場合もあります。

この人生では、魂は、自分の価値観や感性への信頼感を取り戻そうと考えています。また、誰かの後ろ盾を得なくても、自分の才能や独自の力で豊かになり、安定し、好きなときに好きなことをして、好きなものに囲まれて自分らしく生きることを目指しているのです。

自分の軸を確立し、地に足をつけて、自分自身の内側からわき出てくる感覚にしたがったとき、充足感と豊かさの両方をあなたは手にしているでしょう。

◆魂の進化につながる方向性

自分の価値観を信頼する。五感を楽しむ。安定。独立独歩。穏やか。他者と適切な境界線を持つ。自分を尊重する。着実さ。個人の価値を知る。忍耐。粘り強さ。自分軸を確立し、信念を貫くこと。

◆過去に蓄積したパターンや過去生から持ち越してきた課題

人と結託し、強くなる。人と組むことで完璧になる。自分に富や力を与えてくれる人や組織との癒着。他者の価値を上げる。他者の資産を管理する。他人の問題に振り回されたり、過剰に反応したりする。自分の価値を他人の承認によって得ようとすること。お金に関する依存心。人やモノへの執着心。

ドラゴンヘッド：双子座、ドラゴンテイル：射手座

あなたは、これまでの転生において、精神的なことを重視してきました。人里や一般の人の暮らしから離れて、修道士や巫女など宗教や神と深く関わったり、学者として、思想、哲学を探求していたこともあるでしょう。一人気ままに旅をしていたり、遊牧民のような生活を送っていたこともあるかもしれません。そのため、真理や宇宙の法則といったことは自然に理解できても、市井《しせい》の人々の思考や気持ちには疎《うと》かったり、コミュニケーションが苦手であるかもしれません。多くの知識や人に伝えられる価値ある教えを持っていても、一方通行でなかなか真意が伝わらない場合もあるでしょう。

今回の人生では、上の立場から教えたり、通達するのではなく、日々の交流を通して、真理や人生の法則、叡智などを伝えていく人となります。

何気ないおしゃべりや世間話の合間に相手の気づきや覚醒をうながすような深い知恵を伝え、その中に宇宙の法則を織り交ぜていく。そして、相手の話を聞き、理解しながら、世の中の表と裏、多面的な要素、哲学や思想的な教えと現実の乖離《かいり》に気づき、それを埋め合わせるにはどうすればいいか探求する。それはあなたの使命に関係していて、それをすることで、魂は進化し、成長するでしょう。

◆魂の進化につながる方向性

学び、知性を高める。情報発信。人や物事の多面性を理解する。双方向コミュニケーション。日常のさまざまなことに関心を抱き、それらに関して情報を集める。人の話を聞き、新しい考えや経験を受け入れる。書物や思想から、物事の真理を探求するよりも、日常生活の出来事や人との交流を通して学ぶ。難解にではなく、人にわかりやすく伝える。

◆過去に蓄積したパターンや過去生から持ち越してきた課題

哲学、宗教、思想、精神世界に関する理解力。直感的な能力。純粋な真理探究。さまざまな体験。冒険。探索者。一方的な会話。説教。思いつきによる行動。近道を選ぶ。自分や人生について深く考えすぎる。事実を確認せずに直感で行動する。自分の考えに合わないものを拒絶する。

ドラゴンヘッド：蟹座、ドラゴンテイル：山羊座

あなたは、これまでの転生において、自己鍛錬やストイックな努力、忍耐力によって、社会的な地位や名誉、実績を築いてきました。そのため、今生においても優れた働き手であり、まわりの評価も高いでしょう。目標を決めたら、それに向けて、スケジュールを立て、コツコツと進めることも他の人よりずっと楽にできるはずです。しかし、今回の人生では、魂は、さらにそこに磨きをかけるよりも、もっと感情を重視し、心の声に耳を傾け、周囲と愛ある関係を築こうとしています。

過去生では、結果や目的を達成するために自分自身の感情を押し殺してきただけでなく、家族との時間や子育てなどを誰かに押しつけたり、放棄してきた面もあります。今回の人生では日々の暮らしを楽しみ、人や物を慈しみ、育て、家族や身近な人との

関わりを大事にする。そうすると、魂はさらに成長し、人生に愛や喜びがあふれるでしょう。ビジネス面でも良い影響があるはずです。

◆魂の進化につながる方向性

共感。感情や思いやりを表現する。人を慈しむ、育てる。自分の感情を認め、受け入れる。不安感と向きあい、自分の本当の姿を他人に見せること。繊細さを受け入れる、プロセスを大切にする、日常の出来事に関心を持つ。

◆過去に蓄積したパターンや過去生から持ち越してきた課題

ビジネスセンス。管理能力。目標達成のための忍耐。禁欲生活。厳格さ。感情を抑える。過度な責任感。家族や身内、パートナーなど親密な相手に感情や怖れを明かさない。他者の評価、賞賛、尊敬を得るために行動する。他人の感情を考えて自分をないがしろにする。社会の承認を優先する。目標達成には時間、忍耐、努力が必要だという思い込み。

ドラゴンヘッド：獅子座、ドラゴンテイル：水瓶座

あなたの魂は、過去生で、修道院などで集団生活を送ったり、グループで儀式をしたり、チームでプレーするスポーツなど、仲間とともに活動をするという経験を多くしてきました。1つの目的に向けてみなで取り組み、何かを達成したり、協力しあって生きてきたのです。その経験を通してあなたが学んだのは、友情や仲間意識、彼らへの期待と信頼、力を集結して1つのことを作り上げる喜びや一体感です。それが魂に刻まれています。

また、多くの仲間たちとともに一揆《いっき》を起こしたり、革命を企てたり、社会を変えようとしたこともあります。そのため、今生でも改革心が旺盛で、常識や慣習にとらわれず、新しい技術やアイデアを積極的に取り入れるところがあるでしょう。その一方で、その斬新さや奇抜さゆえまわりに理解されず苦悩した記憶もあります。それらは、反逆心や自分は周囲に理解されないという思い込みとして、魂に蓄積されています。

また、単独では、力を発揮できないのではないかという自己不信や自分の個性を発揮

することへの怖れもあります。

今生、魂が成長するために経験しようとしているのは、集団ではなく、あなた独自の個性を表現し、注目され、評価を得ることです。そのためには、淡々と物事に取り組んでいた過去生とは違い、もっとあなた自身の心からわきあがる愛や情熱に忠実になることが必要でしょう。それを通して、愛される喜び、認められる誇らしさを味わうことができます。あなたがその活動に取り組めば、過去生の同志たちが、あなたをサポートし、バックアップしてくれることでしょう。

◆魂の進化につながる方向性

自分自身を表現する。創造性を発揮する。個性を伸ばす。自信を持つ。自尊心を大切にする。中心になる。意志を強くする。人生を楽しむ。すべて自分次第、世界は自己創造であるという意識を持つ。

◆過去に蓄積したパターンや過去生から持ち越してきた課題

友愛精神。友人、仲間への信頼と期待、依存。利他的。客観的で冷静に物事に取り組む姿勢。理性的かつ論理的な思考力。分析力。自由。自分の行動を他人にゆだねる。社会改革への意欲。体制や権威を振りかざす人への反発心や反抗心。

ドラゴンヘッド：乙女座、ドラゴンテイル：魚座

あなたの魂は、これまでの転生において、信仰を持ち、神に奉仕したり、まわりの人々のために尽力し、多くの人を助けてきました。その経験によって、純粋でピュアな精神や直感力、慈悲心が魂に蓄積されています。また、芸術家として生きた人生もあり、世俗的な社会から離れたところで絵を書いたり、音楽を奏でたり、踊りをしながら、感性を表現し、神やスピリットと一体になった経験もあります。過去生において多くの人を救い、奉仕してきた恩寵は、この人生において、予期せぬタイミングで幸運がめぐってきたり、ピンチになったときには、不思議と助けの手が差し伸べられるという形であらわれるでしょう。

一方で、自分を捧げたり、奉仕を行ってきたことによって、自分を犠牲にしてまで人を助けなくてはいけないという思い込みがあったり、現実社会から離れて生きたい

という逃避願望を持っていたりするかもしれません。また、人や神と一体化して生きていたため人と境界線を築くことが苦手であるかもしれません。

今回の人生では、人間社会という現実の中をしっかりと生きること、また、精神面だけではなく、具体的で実用的な形で人の役に立ったり、サポートすることが魂の成長につながります。それが今回の人生のテーマでもあります。

そうすれば、あなたが真に求める大いなるものともさらにつながりやすくなり、ワンネスにも近づいていくでしょう。

◆魂の進化につながる方向性

実務的なスキルや技術、能力を磨くこと。社会の中で実際的な形で他人に奉仕する。日々の日課を果たす。働く。秩序を整える。ルーチンワーク。「今、ここ」に集中する。分析。観察力や識別力を発達させる。

◆過去に蓄積したパターンや過去生から持ち越してきた課題

直感力。芸術的才能。ヒーリング能力。慈悲深さ。奉仕精神。自己犠牲的。被害者になる。混乱と迷走。敏感さ。傷つきやすさ。逃避傾向。現実を忘れるために何かに依存しやすい。自己不信。欠乏意識。隠遁《いんとん》生活。曖昧さ。諦観。妄信。

ドラゴンヘッド：天秤座、ドラゴンテイル：牡羊座

あなたの魂は、これまでの転生において、自分の目的のために自ら進んで行動し、ときに戦ってきました。自分の力で人生を切り開き、自分の望みを叶えてきたのです。また、リーダーとして人を率いたり、導いたこともあるでしょう。そんなあなたの魂には、勇敢さや行動力、創造性といった才能が蓄積されています。一方で、人と協力しながら、目的に向かって進んだり、何かをゆだねたりといったことは苦手かもしれません。

自分でできることはすべて自分でしたほうが早い。

誰かと調整したり、足並みをそろえることがまどろっこしいと感じることもあるでしょう。

今回の人生では、一人で何もかもするのではなく、人と協力する。それによって、

自分一人では成し得なかったことをしたり、分かちあう喜びを味わったり、異なる意見を調停したりする。

そうして、協調性やバランス感覚、客観的な視点を持つことで、魂は進化し、新たな道へと導かれていくことでしょう。

◆魂の進化につながる方向性

協力。パートナーシップ。チームワーク。他者と目的や目標を共有し、つながりを持つ。社交性。他人のニーズを知る。シェアする。客観的な視点。バランス感覚。公平さ。調和。

◆過去に蓄積したパターンや過去生から持ち越してきた課題

自立心。リーダーシップ。自己主張。自己中心。競争、闘争。戦術。衝動性。利己主義。他人と足並みをそろえることを嫌がる。自分対他人というとらえ方をする。短気。せっかち。短絡的な行動。

ドラゴンヘッド：蠍座、ドラゴンテイル：牡牛座

あなたの魂は、これまでの転生において、物質的に恵まれたり、自分の才能や個性を活かして、富を築いてきました。そのため、今生でも、収入を増やしたり、財産を築くのは得意でしょう。また、モノに対する優れた価値観を持ち、金銭の運用に長けているかもしれません。その一方で、物質的なことに執着心があったり、お金は自分で稼いだり、蓄えるものという意識が強いでしょう。

今回の人生で、魂は、「受け取る」ことを体験しようとしています。

それは、遺産を相続することであったり、他者から金銭や物質的な後ろ盾を得たり、パートナーの経済力で生きることを意味する場合もあります。

また、時空を超えたカルマや恩寵として、不労所得や思いがけない形で豊かさを受け取ることもあるでしょう。

しかしながら、この世に「タダ」はありません。何かを「受け取る」とき、そこにエネルギー交換や代償は必ず発生します。それは面倒なことを引き受けることであっ

たり、人と深く関わることだったりします。

そして、その際、相手に振り回されたり、しがらみを断ち切れなかったり、相手の心ひとつであなたの安定した生活や豊かさが一変する可能性があり、誰かの心理状態を把握する必要があるかもしれません。でも、それを通じて、あなたは多くのことを学びます。また、あなたの心が強く求めるものや人と徹底的に関わることによって魂のつながりがあるソウルメイトとの出会いもあるでしょう。それを通して、あなたの魂は進化し、新たなステップへと進んでいくのです。

◆魂の進化につながる方向性

他者の力を借りる。他人の協力を受け入れる（考え、資金、機会など）。他人の深層心理を理解する（願望、欲望、動機など）。集中する。洞察力を磨く。探求する。

◆過去に蓄積したパターンや過去生から持ち越してきた課題

才能によって収入や資産を伸ばす。経済力。独占欲。所有欲。お金やモノを蓄え、物欲を満たすことで快適さと安定感を得る。保守的な安定志向。頑固さ。官能的喜びにふける。ほかにもっと簡単な方法があるのに慣れたやり方を繰り返す。変化や他人の意見を拒絶する。

ドラゴンヘッド：射手座、ドラゴンテイル：双子座

あなたの魂は、これまでの転生で、浅く広くいろいろなことを学び、さまざまな知識や情報を蓄えてきました。それは、どんな人ともそれなりにコミュニケーションができる社交感覚、情報収集力、発信力として、あなたの魂に蓄積されています。

しかし、幅広い知識や情報を追うことを重視していたため、賢いにもかかわらず、特別な何かに長けているかということが明確でなかったり、やや底が浅いところがあるかもしれません。

また、多くの情報や考え方に振り回され、軸がグラグラしたり、考え方や価値観がその都度変わったりしている場合もあります。

今回の人生では魂は、自分なりの哲学や信条をしっかり定めようと思っています。

そのため、深遠な知識や高度な学問、精神世界や真理、宇宙の法則を知り、探求す

ることに惹かれるかもしれません。

また、世界中を旅したり、異文化で生活したり、理想を追求しながら、飽くなきチャレンジを続けることで、自分なりの人生哲学を構築できるでしょう。

そして、それをすることを通じて、魂は進化し、次のステージへと進んでいきます。

ナチュラルでロハスな生き方を選ぶこともあなたをより自由にし、魂の本質が開花しやすくなります。

◆魂の進化につながる方向性
自由。冒険心。精神的な探求。高度な智慧。学問。人生の意味を求める旅。高次元からの導きを信頼する。直感、予知能力。自分を信じる。一人になる時間を持ち、自然の中で過ごす。自分の内側との対話。外国、海外に関する分野。何かになろうとするのではなく、自然に生きていく。

◆過去に蓄積したパターンや過去生から持ち越してきた課題
理解力。会話能力。弁舌。文才。情報収集能力。興味や関心が次々に変わる。他人の意見を気にする。優柔不断。他人に自分を合わせる。理性で直感的知恵を否定する。噂話。

ドラゴンヘッド：山羊座、ドラゴンテイル：蟹座

あなたの魂は、これまでの転生において、家族や身近な人との生活の中で、世話をしたり、何かを育んできました。

そのため、家庭的なことや、やりくり、節約術など、生きていくための優れた知恵を持っているでしょう。また、人の気持ちにも敏感で、今、どのような感情で、どんな助けを求めているかを無意識のうちにキャッチする能力にも長けています。一方で、人の問題に過剰に首を突っ込んだり、相手を心配するあまり、手出し口出しするようなところもあるかもしれません。また、安定や守りの気持ちが強く、できそうなことがあったとしても、「このくらいまで」と自分で限界を設定し、自分の可能性を封じ込めたりすることもあるでしょう。

今回の人生では、魂は、社会の中に出て、自分の実力で何かを成し遂げ、目標を達

成しようとしています。キャリアを築いたり、地位や名誉を得たり、確かな業績を残そうとしているのです。その経験を通じて、あなたの魂は大いに成長します。そして、男性性と女性性のバランスもとれ、より統合へと向かいます。

◆魂の進化につながる方向性

感情やプライベートを管理しながら、社会的な義務や責任を果たす。自分の運命を自らの手で切り拓く。成功を目指し主体的に取り組む。孤独に耐える。ストイックに物事に取り組む。約束を守る。

◆過去に蓄積したパターンや過去生から持ち越してきた課題

家庭人。人々の感情を察知し、理解する。人の面倒を見たり、世話をする。家事。育児。依存心。気まぐれ。恐怖感にもとづく限界の設定。過去の経験をひきずる。個人的リスクの回避。感情的な反応で他者を支配しようとする。お節介。

ドラゴンヘッド：水瓶座、ドラゴンテイル：獅子座

あなたの魂は、これまでの転生において、社会の中で存在感を発揮したり、名声を得ることにエネルギーを使っていました。内側からほとばしる情熱を歌や踊りで表現し、舞台に立ってスポットライトを浴びたり、エンターテイナーとして、皆の注目を集めたり、オリジナルな個性を発揮したりしていたのです。そのため、今生でも、あなたは、自分をどんなふうに演出したら、周囲の人に印象づけられるか、場の主役になれるかを知っていることでしょう。

今回の人生では、その演出力やプロデュース能力を他者のために使うことで魂を成長、進化させることができます。

他人の個性を発見し、それをあなたが引き出したり、より輝くようにアドバイスをする。また、自分一人ではなく、みんなで舞台に立ち、それぞれが脚光を浴びるようにする。共同創造する仲間を見つけ、グループやサークル活動する。それを通して人や社会を変えていく。

それによって、魂はさらなる成長を遂げ、次のステージへと進んでいくことでしょう。

◆魂の進化につながる方向性

仲間や友情を大切にする。平等。グループに積極的に参加し、仲間とともに行動する。革新的な考えを受け入れる。博愛主義。人や社会に新しい意識をもたらす。社会改革。主観的ではなく客観的な視点を持ち、全体像を見る。

◆過去に蓄積したパターンや過去生から持ち越してきた課題

名声や地位を確立したり、集団の中で力を誇示する方法。権力主義。特権意識。自己顕示欲。他人の承認を求める。演出力。企画力。自信と自己不信の間で揺れ動く。ワクワクする刺激やドラマ性を求める。個人的な欲望にしたがって生きる。

ドラゴンヘッド：魚座、ドラゴンテイル：乙女座

あなたの魂は、これまでの転生において、人や社会を実際的にサポートする役割についてきました。その経験からあなたの魂には、今、何をすれば、もっとも相手の役に立てるかということを見抜くための観察力や識別力が蓄積されています。また、細やかで気配り上手で仕事能力に優れていたり、特定の分野に長けているかもしれません。

一方で、秩序やモラル、正しくあることを重視しすぎて、ミスや失敗に強い怖れを抱いたり、「こうでなくてはいけない」「こうするべき」といった倫理観が強いかもしれません。

今回の人生では、評価や判断を手放し、清濁あわせのむこと、受容することを通して、魂は進化しようとしています。また、自分の能力や技術だけで人を助けるのではなく、大いなるもの、神や宇宙とつながってそれを行おうとしています。だから、何かがあっても、あなたのミスでもなければ、手柄でもない。すべては、宇宙の采配。

それを人間の善悪で判断を下すことなど不可能である。そういう意識で、目の前のことに愛を持って取り組み、自分を捧げたとき、あなたの魂は進化し、新たな扉が開かれます。

スピリチュアルなことや癒し、芸術的な分野に関わることも、高次の存在とつながりやすくなり、直感力や霊感を高め、許しやワンネスの意識に到達しやすくするでしょう。

◆魂の進化につながる方向性

思いやり。共感。あらゆる物事の統合。悟り。ワンネス。慈悲の心。不安を克服し、高次元の力にゆだねる。批判精神を手放す。細部まで綿密な計画を立てなくてはいけないという思い込みを手放し、大いなるものの計画にゆだねる。瞑想と内省で内なる声に耳を傾ける。霊的向上への道を目指す。潜在意識、精神世界、神秘学に関わる。

◆過去に蓄積したパターンや過去生から持ち越してきた課題

分析能力。実用的な能力。仕事能力。専門的なスキル。観察力。注意深さ。些細なことや不安への過剰反応。批判的態度。失敗を過度に怖れる。完璧主義。秩序の維持への執着。常に正しくあろうとする。

ドラゴンヘッドのハウス別、魂を成長させるキーワード

ドラゴンヘッドは18・6年かけて12星座を一周します。1つの星座に約1年半弱います。そのため同じ歳の人とは、ドラゴンヘッドのサイン（星座）が同じになる場合もあります。

ですので読むときはサインよりハウスを重視します。また、1ハウスは牡羊座、2ハウスは牡牛座、3ハウスは双子座、4ハウスは蟹座、5ハウスは獅子座、6ハウスは乙女座、7ハウスは天秤座、8ハウスは蠍座、9ハウスは射手座、10ハウスは山羊座、11ハウスは水瓶座、12ハウスは魚座と同じような意味になります。

ですので、あなたのドラゴンヘッドが、位置するハウスに対応するサインも読んでみてください。それらを複合すると魂を進化させ、人生を底上げするポイントがより

明確になるはずです。

１ハウスのドラゴンヘッド（ドラゴンヘッド牡羊座も参照のこと）

アセンダントの星座の個性を磨き、表現する。

自分がしたいことをする。そのために必要な能力や個性を磨くことにエネルギーを注ぐ。

自己中心的になりすぎずに、内なる自己の欲求にしたがって生きていく。

自立する。

◆伸ばすとよい才能・魂を成長させる職業

リーダーシップ。先駆者となること。個性や容姿、持って生まれた資質を活かせる職業。

独立した環境で自由に決定したり、行うことを許される職業。イニシアチブをとれる仕事。起業家。自営業。技術者、勇敢さや行動力が必要な職業。

2ハウスのドラゴンヘッド（ドラゴンヘッド牡牛座も参照のこと）

目先の結果にとらわれず、一歩ずつ前進し、足元を確かめながら進む。
心の安定と、経済的基盤の確立。
他人の力ではなく、自らの力によって収入を得たり、経済的、精神的安定をはかる。
お金の使い方について学ぶ。
好きなことに関する才能を伸ばす。
能力を活かして収入を得る。

◆伸ばすとよい才能・魂を成長させる職業
五感や審美眼を活かす職業。モノ作り。自分が心から価値を見出していることに関わる分野。金銭や経済に関する職業。農業、工芸、手芸、料理人、シェフ、職人。一人でするかマイペースにできる仕事。経済的な安定を得られる職業。

3ハウスのドラゴンヘッド（ドラゴンヘッド双子座も参照のこと）

学ぶ。情報収集と発信。

他人のさまざまな考えに耳を傾け、相手を理解し、真のコミュニケーションをすることが発展、成長につながる。

会話や文章によるコミュニケーションの質を高める。

新しい考えや新しい経験を受け入れる。

高尚な智慧や真理、宇宙の法則を日常的なレベルに落とし込んで活用する方法を伝える。

一方的に知識や情報を力強く語り、相手を説得するのではなく、お互いにやりとりする。

兄弟姉妹、親戚、近所の人など身近な関係を楽しむ。

いろいろなことに関心を持ち、探求する。

◆伸ばすとよい才能・魂を成長させる職業

コミュニケーション能力。文章力。表現力。話術。文筆、コミュニケーションに関する職業。マスコミ関係。情報産業。著述家。作家。あちこち移動したり、さまざまな人と関わる仕事。教師。教育関係。販売、営業。

4ハウスのドラゴンヘッド(ドラゴンヘッド蟹座も参照のこと)

育む。世話をする。感情、心のケア。自分自身の感情や人に対する思いやりを表現する。

居心地の良い家庭や家を作る。

自分の基盤と安全ゾーンを築く。家族の安らぎを大切にする。周囲と気持ちを分かちあう。家族や地域の人々、身近な社会における共存共栄を目指す。生活力を高める。

◆伸ばすとよい才能・魂を成長させる職業

他人を育てたり、面倒を見たり、サポートする能力。家事能力。料理や手芸、片付けなど家庭的な事柄。人の感情を理解する力。

人の世話をしたり、人やモノを育てる仕事。感情的、心理的なサポートをする仕事。衣食住に関する職業。住宅、不動産、インテリア関係。家でする仕事。飲食業。フード関係。

5ハウスのドラゴンヘッド（ドラゴンヘッド獅子座も参照のこと）

自分を愛する。

真の喜びを体験し、愛情あふれる人生を築く。

自分の個性を受け入れ認め、それを表現する。創造性の発揮。意志を鍛える。自信を持つ。子供の様な無邪気さで人生を楽しむ。

子供と関わり、子供たちから学ぶ。遊びや楽しみを覚える。

贅沢をしたり、華やかなことをする。

理屈より喜びにしたがう。ノリで行動する。

◆伸ばすとよい才能・魂を成長させる職業

表現力。創造力。企画力。演出力。エンターテインメント関係。起業家。アーティストや女優、俳優、お笑い関係など、何らかの形で舞台に立つ職業。趣味や好きなことに関わる職業。クリエイター。子供関係。投機、ギャンブル。ゲーム、スポーツ関係。

6ハウスのドラゴンヘッド(ドラゴンヘッド乙女座も参照のこと)

実用的な方法で人をサポートする。
肉体の健康や癒しに関わる。人や社会、環境の秩序を整える。
現実的な行動を積み重ねながら役割を果たす。
具体的な目標に向かって毎日コツコツ秩序正しく取り組む。
セルフケアやメンテナンス。
健康を増進するための運動やエクササイズを日課にする。習慣化。

◆伸ばすとよい才能・魂を成長させる職業

分析能力。識別力。観察力。整理整頓。実際的な他者へのサポート。医療関係。人を癒したり、ケアする仕事。衛生、保健関係。ヒーラー。栄養士。会計士。職人。秘書。事務職。

7ハウスのドラゴンヘッド（ドラゴンヘッド天秤座も参照のこと）

他者と協力し、助けあう。

自分の欲求を抑えずに、他人の要望に応える。パートナーシップを築く。結婚。優雅で洗練された振る舞い。異なる2点間の調和点を見出すこと。交渉。外交。人が目標を達成することを支援する。分かちあい。

◆伸ばすとよい才能・魂を成長させる職業

社交性。協調性。美的センス。仲介業。交渉役。カウンセラー。コーチ。コーディネーター。ブライダルビジネス。人の間に入って、双方の相互理解を深め、バランスや調和するポイントを見つけ、提示する仕事。弁護士。裁判官。美や芸術に関する分野。

8ハウスのドラゴンヘッド(ドラゴンヘッド蠍座も参照のこと)

強い意志を持って徹底的に任務をこなす。
力ある人の加護や後ろ盾を得て、タッグを組んで目標に向かう。
性、生死に関わることを探求する。
相続したり、何かを継承する。
霊的なことや先祖に関わる。
人が踏み込むのを躊躇《ちゅうちょ》するような領域へと進む。
人の資産を管理する。
表に出ていないことを探求する。
人の深い感情を探ったり、癒したりする。

トラウマの解放。

◆伸ばすとよい才能・魂を成長させる職業

洞察力。探究心。復活力。再生力。霊能力。

銀行、保険、投資など他人の財産を扱う分野。心理学者。心理カウンセラー。秘密や危機管理に関わる任務。生死に関わる職業。物事を変容させたり、再生する職業。

9ハウスのドラゴンヘッド（ドラゴンヘッド射手座も参照のこと）

人生の意味について探求する。そのため、高度な学問や思想、古代の叡智、宗教、哲学などに触れ、理解する。

直感や導きにしたがう。

高次元のメッセージに耳を傾ける。

他の人の考えや事実だけを伝えるのではなく、受け取ったメッセージや精神世界探求の過程で作った自分なりの信条や哲学を教えたり、広める。

視野と経験の拡大。旅。遠距離移動。
自分の内なる真実を信頼し、行動する。
自然に触れる。野外活動。

◆伸ばすとよい才能・魂を成長させる職業
抽象的な事柄への理解力。プレゼンテーション能力。表現力。文筆力。著述。講演。出版や広告関係。精神世界に関係する職業。真実を広めたり、法則や信条を人々に浸透させる職業。直感力や霊能力を活かす仕事。外国に関わる職業。弁護士、宗教家、霊的指導者、研究者。学者。教育関係。啓蒙家。作家。

10ハウスのドラゴンヘッド（ドラゴンヘッド山羊座も参照のこと）

キャリアを積んだり、社会的な力を確立する。
地位や名声を得たり、何らかの分野で権威者となる。
仕事の成功。目標達成と自己管理。コツコツ地道に積み上げる。

プレッシャーに耐え、責務を果たす。

１つのことを継続する。忍耐強く物事に取り組む。

◆伸ばすとよい才能・魂を成長させる職業

持久力。忍耐力。責任感。継続力。理想を描いて、それを実現する。現実的で地に足がついた仕事。経営や政治などの分野。目標を達成することが中心となる職業。組織的な職業。公務員。

11ハウスのドラゴンヘッド（ドラゴンヘッド水瓶座も参照のこと）

人と違うことをする。ユニークな方法で物事に取り組む。改革、革新的な行動。自由に発想する。先見性を発揮する。他人にどう思われるかを気にしない。他人の承認を基準にしない。

個人的な欲望よりも人や社会のためになる活動をする。

才能やオリジナリティを人々に貢献することに使う。

個人よりも集団の利益のために行動する。より大きな視野に立って行動する。そうすると、個人的な願いも叶う。他人との共同作業。集団の中で自由で調和的な協力体制を築く。グループ、サークル活動。

◆伸ばすとよい才能・魂を成長させる職業

先見性。独創性。創造力。発見、発明の才。人や社会を変える仕事。理想の実現や人類の進化に貢献する仕事。先端技術や革新的なことを社会にもたらす仕事。クリエイター、デザイナーなど、独創性や創造性を発揮できる分野。人道主義的な目的のために設立された組織や団体で働く。ＩＴ関係。放送関係。自由度の高い職業。

12ハウスのドラゴンヘッド（ドラゴンヘッド魚座も参照のこと）

ワンネス。同情心。慈愛。奉仕活動や慈善。
宇宙と完全に調和して生きる。
目に見えない世界や潜在意識の影響を知り、探求する。

癒しやセラピー、占いに関わる。
芸術的なことや歌や踊りなどをする。
すべてのことがつながっていることに気づく。
瞑想や内省など、一人で過ごす時間を持ち、内なる声に耳を傾ける。
神秘学。
宿命的な事柄に向きあう。

◆伸ばすとよい才能・魂を成長させる職業

直感力。ヒーリング能力。イメージ力。想像力。

癒しに関係した職業。心に描くイメージを具現化したり、何かを創出する職業。アトリエや隠れ家的な空間、自分だけのオフィスでする仕事。研究。インターネット関係。修道院や僧院、病院など、隔離された場所でする仕事。芸術家。舞踏家。パフォーマー。音楽家。慈善家。

出生のドラゴンポイント（ノード軸）から、あなたの魂の方向性とリソースを知るワーク

あなたのネータルホロスコープのドラゴンポイント（ノード軸）＝ドラゴンヘッド☊、ドラゴンテイル☋の星座とハウスから、あなたの魂の方向性と魂がこの地球に持ち込んできた才能や資質、カルマなどのリソースを考察しましょう。

＊ドラゴンテイルがあるのは、ホロスコープのドラゴンヘッドの向かい側の星座とハウスです。

ドラゴンヘッド☊は（　　　　）座（　　　　）ハウス

ドラゴンテイル☋は（　　　　）座（　　　　）ハウス

サンプルリーディング1

クリスチャン・ディオール

ドラゴンヘッド☊は　乙女座♍　10ハウス
ドラゴンテイル☋は　魚座♓　4ハウス

魚座のドラゴンテイルは豊かな感受性と芸術的センス、直感力や才能を魂のリソースとして持っていることを示しています。

過去生では、おもにそれらは、プライベートな領域や身近な人たちの間で表現されてきたかもしれません。

ドラゴンヘッドは乙女座で、キャリアや名声を示す10ハウスにあることから、魂は、今回の人生では、キャリアを積んだり、社会的な力を確立すること、地位や名声を得

クリスチャン・ディオールのホロスコープ

Name: ♂ Christian Dior
born on Sa., 21 January 1905
in Granville, FR
1w36, 48n50

Time: 1:30 a.m.
Univ.Time: 1:20:40
Sid. Time: 9:13:14

ASTRO DIENST
www.astro.com
Type: 2.ATW 0.0-1 5-Sep-2017

Natal Chart (Method: Astrowiki / Placidus)
Sun sign: Aquarius
Ascendant: Scorpio

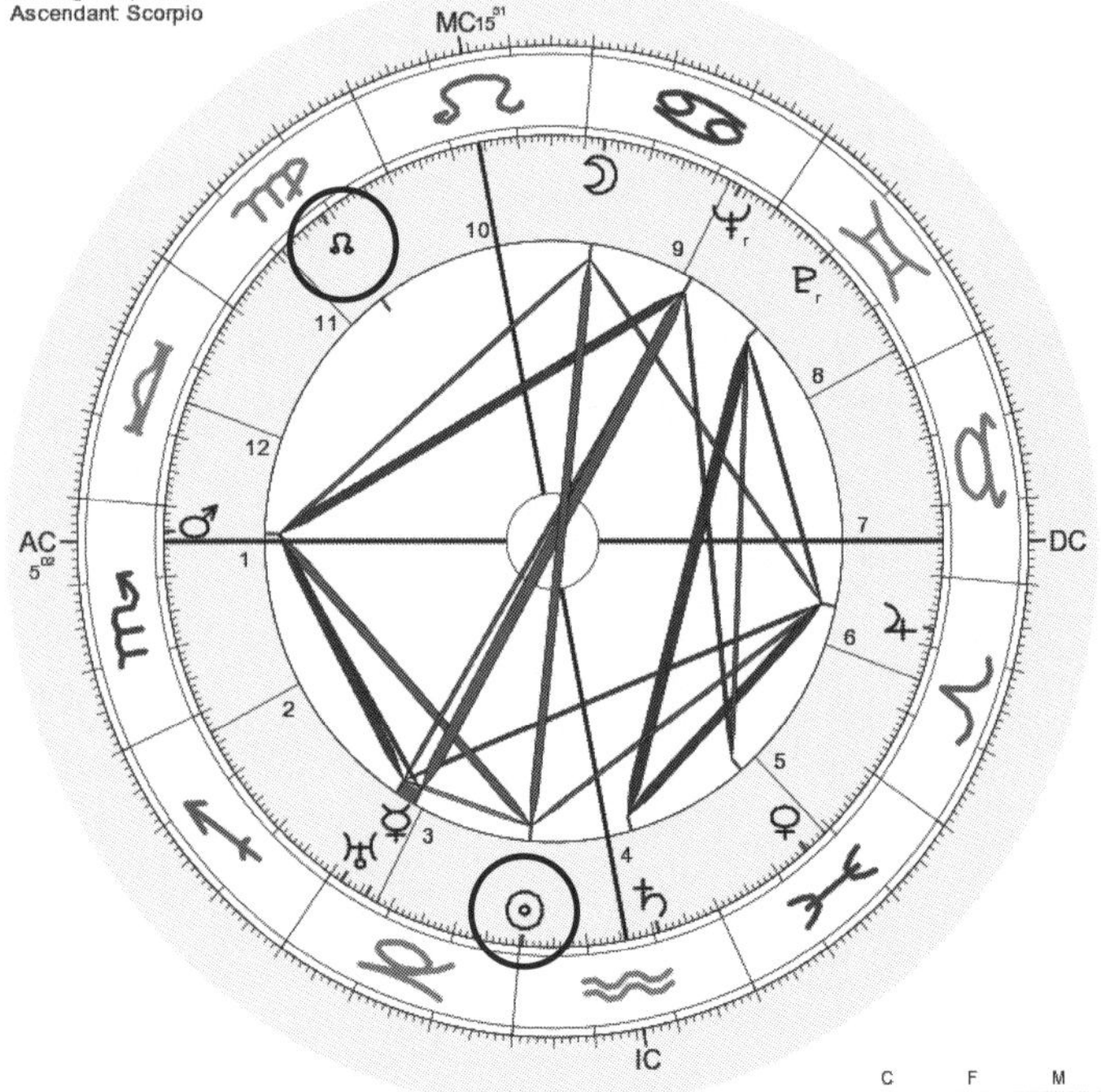

☉ Sun	♒ 0°21'34"	Detr.	
☽ Moon	♋27° 5'25"	Dom.	
☿ Mercury	♑ 5°59'36"		
♀ Venus	♓15°28' 6"	Exalt.	
♂ Mars	♏ 3°34' 3"	Dom.	
♃ Jupiter	♈22°25'15"		
♄ Saturn	♒20°45'18"	Dom.	
♅ Uranus	♑ 1°50'49"		
♆ Neptune	♋ 6° 8'52"r		
♇ Pluto	♊20° 0'56"r		
☊ Mean Node	♍11°23'58"		
⚷ Chiron	♒ 0°40'35"		
⚸ Lilith	♓29°58'19"		

AC: ♏ 5° 1'49"	2: ♐ 3°11'	3: ♑ 7°49'
MC: ♌15°50'51"	11: ♍19° 5'	12: ♎14°58'

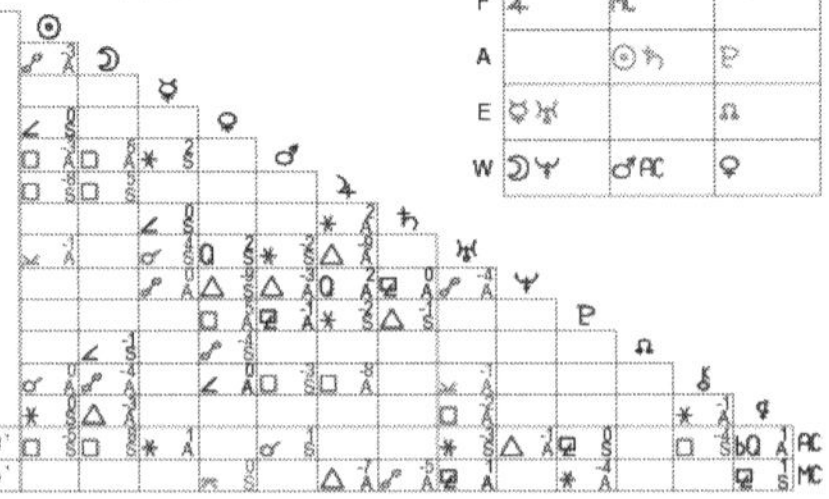

	C	F	M
F	♃	MC	
A		☉♄	♇
E	☿♅		☊
W	☽♆	♂AC	♀

たり、何らかの分野で権威者となろうと意図して生まれてきています。

そのためには、乙女座のドラゴンヘッドが示す、実務やスキル、技能を磨くこと、実用的な形で人や社会に奉仕すること、日々の積み重ねを大切にしながら、イメージや想像力を形にするための現実的なアプローチをすること、10ハウスのドラゴンヘッドの意味である、目標をさだめ、それに向かってスケジュール管理をしながら、コツコツと地道に積み上げていくこと、忍耐強く物事に取り組むことがその力になります。

また、クリスチャン・ディオールの水瓶座の3ハウスの太陽は、独創性と先見性の明によって人々に新たな意識やトレンドをもたらすこと、それを発信し、広く世の中に行き渡らせていくことが人生の目的であることを示しています。

サンプルリーディング2

ルイーズ・ヘイ

ドラゴンヘッド☊は　蟹座♋　12ハウス

ドラゴンテイル☋は　山羊座♑　6ハウス

この人の魂は、これまでの転生で、自己鍛錬やストイックな努力によって、社会的な地位や名誉、実績を築いてきました。そのため、今生においても優れた働き手であり、まわりの評価も高いでしょう。目標を決めたら、それに向けて、積極的に活動していく人です。

しかし、今回の人生では、魂は、その能力を活かしながらも、もっと感情を重視し、心の声に耳を傾け、周囲と愛ある関係を築くことを意図して生まれてきました。

過去生では、結果や目的を達成するために自分自身の感情を押し殺してきただけでなく、家庭をかえりみなかったり、身近な人の世話など、義務を果たせなかった面もあるかもしれません。

今回の人生では、「家庭」や「家族」というテーマに深く向き合い、そこから学ぼうとしています。

そこにはカルマ的な事柄、魂レベルで、蒔《ま》いた種を刈り取るような事柄もあるかも

ルイーズ・ヘイのホロスコープ

Name: ♀ Louise Hay
born on Fr., 8 October 1926
in Los Angeles, CA (US)
118w15, 34n03

Time: 0:30 a.m.
Univ.Time: 8:30
Sid. Time: 1:41:52

ASTRO DIENST
www.astro.com
Type: 2.ATW 0.0-1 5-Sep-2017

Natal Chart (Method: Astrowiki / Placidus)
Sun sign: Libra
Ascendant Leo

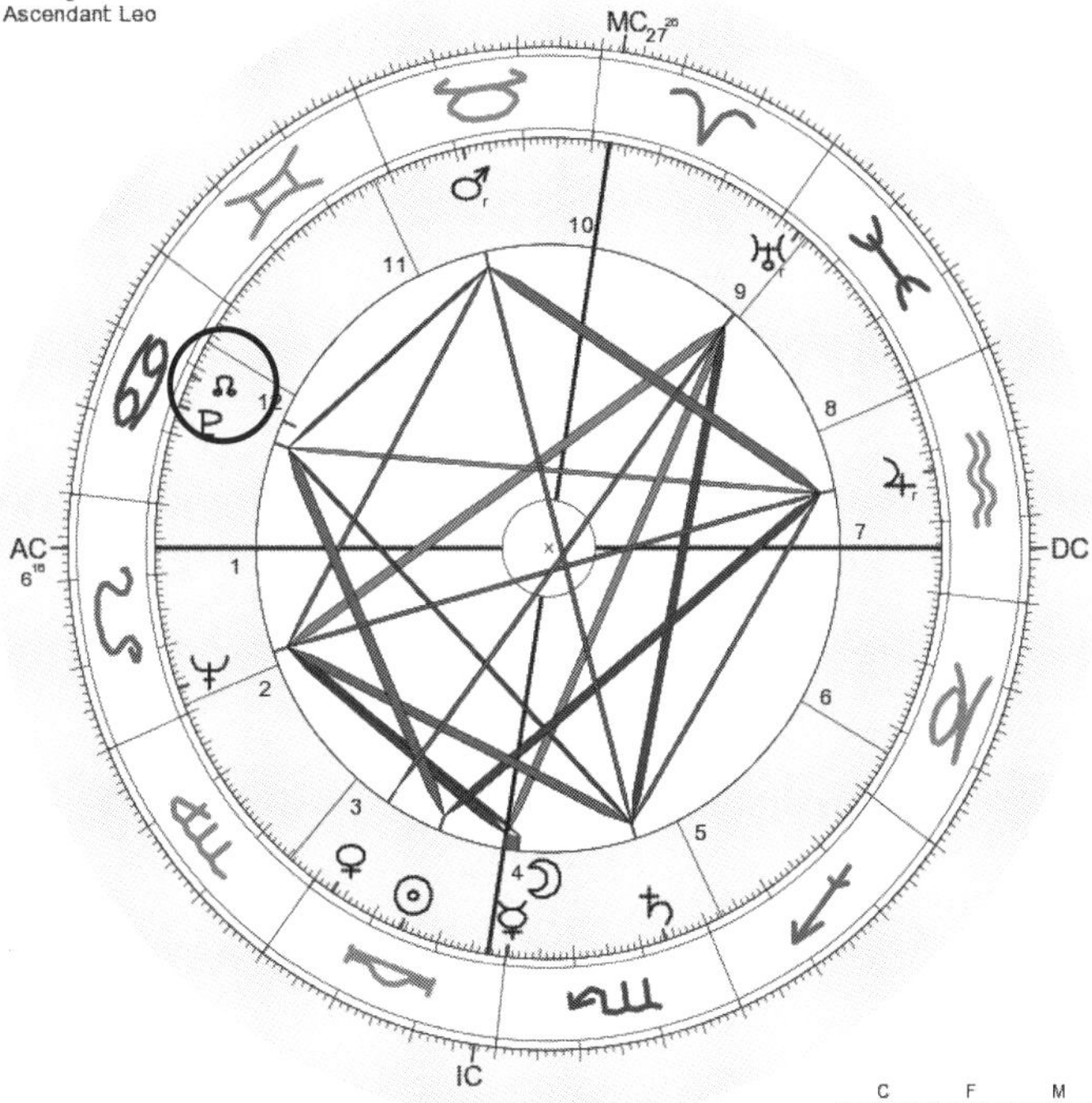

☉ Sun	♎14°18'13"	Fall
☽ Moon	♏ 0°16' 1"	Fall
☿ Mercury	♎27°34'52"	
♀ Venus	♎ 3° 5' 9"	Dom.
♂ Mars	♉18°49'54"r	Detr.
♃ Jupiter	♒17°22'16"r	
♄ Saturn	♏23°39'18"	
♅ Uranus	♓26°46'58"r	
♆ Neptune	♌26°14'18"	
♇ Pluto	♋15°55'38"	
☊ Mean Node	♋11°27'21"	
⚷ Chiron	♉ 0°33'15"r	
⚸ Lilith	♍13°24'33"	

AC: ♌ 6°18'28"	2: ♌28°47'	3: ♍25°30'
MC: ♈27°26' 8"	11: ♊ 2°28'	12: ♋ 6°12'

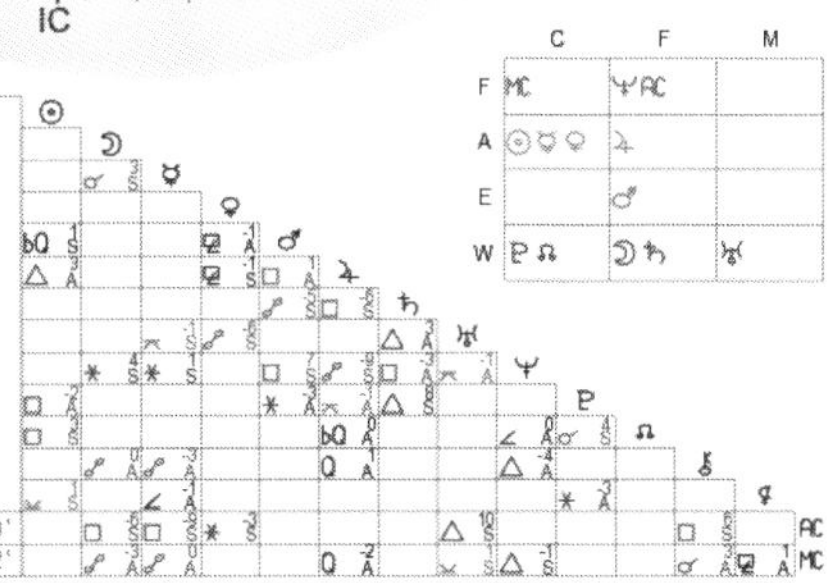

しれません。

また、6ハウスと12ハウスはどちらも健康や病気に関係する場所です。

この人にとって、病気や健康問題、癒しに関わるテーマは、魂のプランを発動させ、人生を大きく発展させることにつながります。

実際、ルイーズ・ヘイは、癒しに関する著書『ライフヒーリング』(たま出版)がベストセラーとなり、世界中で5000万部以上の書籍を売り上げています。

ルイーズは、身体的、精神的に大きな傷を負って育ちました。そして、大人になって「思考は現実化する」という人生哲学に出合い、それを学び、教えるようになります。

その後、子宮癌に侵されます。

彼女は自分が教えていたアファメーションやヒーリングメソッドと食事療法によって癌を治し、自分自身と人生を癒すメソッドを確立させ、その啓蒙活動を行うようになります。

病気や苦しみを通して、さまざまな感情と向きあうこと、セラピーや癒しに関わることは、彼女にとって宿命的なテーマであり、魂の使命に導くものだったのです。

ちなみに、蟹座は女性性を司る母性的な星座で、子宮も蟹座に関係する部位であり、「癌」もまた蟹座の病気です。魂的な視点で読むと、病気もまた魂の進化のための1つのきっかけなのです。

12ハウスドラゴンヘッドの伸ばすとよい才能は、直感力やヒーリング能力、イメージ力、想像力で、魂を成長させる職業の中には、癒しに関係した職業や潜在意識に関係する事柄や想像力を使って、心に描くイメージを具現化したり、何かを創出したりする職業があります。

第7章

課題、チャレンジ、カルマ（土星）

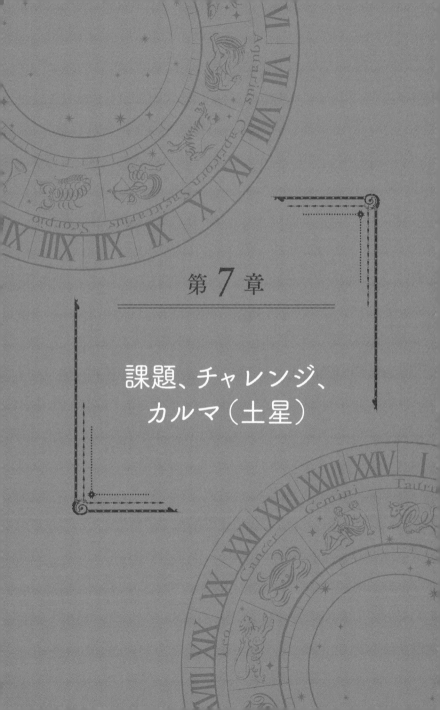

魂のプランと物質界を生きる上での葛藤

魂のプランを生きる上で足かせになるのは、私たち人間が肉体を持っているということです。それゆえ、霊的な影響や多次元的な自分に気がつくまでは、肉体＝自分自身であると考えてしまいがちなところです。

肉体が自分であるという思い込みがあると、物質的なことをより重要視します。その肉体を保ち、メンテナンスするためには食事、住まい、ファッション、美容、健康維持など、何かとお金がかかるのでそれは当然のことでしょう。

たしかに、経済的な余裕があると、食べたり、家賃を払ったりすることに心配がいりません。

また、より良い住まいを選べたり、素敵な洋服を買えるなど選択肢も増えます。多くの人は、生活のために安定を目指し、物質や経済面に意識が向かいます。

そうすると、安定や維持のための行動が増えます。

「こうならないようにこれをしておこう」

「将来お金に困らないように、欲しいけど我慢しよう」

「こっちが欲しいけど、高いから安いほうにしておこう」などなどです。

誇大広告やコマーシャリズム（商業主義）に躍らされたり、不当に高いものを買わされることもあるのでこのような合理的な判断も大切です。

ただ、

「これが欲しい」

「これがステキ」

「これ気に入った」

は愛ですが、

「今、使ってしまうと将来困るかもしれないから」

は怖れである場合もあります。

そうして、いつも、怖れから行動したり、選択していると、物質的な価値観にとらわれたままになってしまいます。

魂は肉体がないので、自己保身や物質的な事柄に対する執着というのは、肉体を持った人間特有の意識です。

そして、それは、しばしば魂のブループリントを生きる上で足かせになります。魂のプランは物質的な安定を目指して作られていませんし、それどころか、ときにその真逆のように感じられ、人間に怖れを抱かせるからです。

怖れは惑星では土星にあたります。

土星は苦手意識に関係する天体です。

ホロスコープの土星のある場所はその人にとって、苦痛を抱いたり、怖れを感じる分野です。

「すべてのことには時がある」とは土星の言葉です。

ネータルホロスコープの土星が示すテーマを達成し、収穫を手にするには、それなりに時間が必要となります。また、多くの場合、苦悩をともないます。

そして、その過程で人は成長し、多くを学ぶのです。現世を生き、目標や成果を出すために土星は重要な星です。

それでは、魂のブループリントにおける土星とは何を意味しているのでしょうか？

魂のブループリントにおける土星は、現実化と収穫の星

土星は魂にとってのカルマ的な課題です。

それは、この人生においての目標地点となります。


「何のために生きるのだろうか？」

「どこに向かおうとしているのだろうか？」

生きていると、そんなことを思うときがあります。

その答えの1つがネータルホロスコープの土星のテーマに取り組むです。

土星は、魂が肉体という物質の中に閉じ込められているからこそ起こること、できることを通しての学びに関わり、その人にとってのカルマ（結果をともなう行い）的な課題を示します。

つまり、この人生において何かしらの結果や収穫を出すための行為が土星なのです。

土星は、太陽系の軌道の中で太陽から6番目の星です。

土星と向きあい、土星に取り組み、その課題を乗り越えたとき、太陽系の土星より内側の天体たち、太陽、月、水星、金星、火星のエネルギーは自然に活用できるようになっています。月は地球の衛星であるため、内側とみなします。

土星のテーマと向きあい、克服するには、土星より内側の太陽系の天体を自ずと使うことになるからです。

ネータルホロスコープが示す土星のテーマに関わることは、魂がこれまでの転生に何度かチャレンジしてきたことです。

しかし、まだ、課題を十分にやりこなしていなかったり、目標達成をしていない分野です。

だから、その人にとって、その分野は十分でないと感じたり、怖れや苦手意識を抱き、できれば避けて通りたいと思ってしまうのです。

その一方で、苦手だけど、やらなければいけないという気持ちになったり、非常に心魅かれたりと葛藤が多い分野でもあります。

土星と対峙《たいじ》すると収穫や成果は必ずあります。

なぜなら、土星は、現実化の星であるからです。

その魂は強い達成感を抱きます。そしてその人は大きく成長します。また、社会的な地位を得たり、物質的な実りを手にします。

ただし、土星は「時間」の星でもあります。

つまりは土星のテーマは一朝一夕でなんとかなるようなものではありません。「石の上にも三年」という言葉がありますが、土星は1つの星座を2、3年かけて運行します。

だから、2、3年くらいはそのテーマと真摯に向きあう必要があります。粘り強さが必要なのです。

それでは、土星とどのように向きあえばいいのでしょうか？

それには、まず、ネータルホロスコープの土星が示す怖れや苦手意識を知ることです。

そして、そのテーマの中で、ご自身が関わっていることに関する怖れや責任と向き合うことです。

たとえば、土星が5ハウスで、喜びや楽しみを制限してしまうとしたら、自らに意識してそれを許し、与えるといったことです。

また、その活動自体をするのです。

恋愛、自己表現、創作活動などを、怖くてもやってみることです。

土星は魂がこれまでチャレンジしてきて、挫折したり、苦悩したことに関係するため、場合によっては、まずは、癒しや怖れを取り除くことが先かもしれません。

それも含めて、向きあうということです。

サイン別土星の示す怖れ、苦手意識、課題と目標

牡羊座の土星

新しいことをすること、道なき道を切り開くこと、トップに立ったり、リーダーシップを発揮すること、能動的に物事を進めることへの怖れと苦手意識。リーダーやパ

イオニアとなること、自主的に行動することが課題や目標。

牡牛座の土星

経済的な社会不安。財産やお金の取扱い、経済的な悩みが浮上しやすい。豊かさを受け取ること。自分の資質や感性を活かすことによって豊かさを受け取ることへの怖れや苦手意識。才能をお金に変えたり、お金の使い方を学ぶことが課題。

双子座の土星

無責任なコミュニケーションや言葉が独り歩きしたり、真意が伝わらないことへの怖れ。情報交換や交流、噂やゴシップに対する苦手意識や批判。知的コンプレックス。幅広い知識を身につけることに時間がかかる。必要な知識や情報を集めて、活用したり、真のコミュニケーションをはかること、真実を伝えることが課題と目標。

蟹座の土星

家族に関することでの悩み。身近な人から傷つけられたり、感情に振り回されることへの怖れ。親密で家族的な関係を作ることへの苦手意識。感情のコントロール。不安や恐怖、嫉妬心などさまざまな感情と向きあい、人と親密な関係を築くことが課題であり、目標。

獅子座の土星

喜びや楽しみを抑え込む傾向。自己不信。自己表現や自分が創ったものが人から認められないことへの怖れ。それゆえ、発表会や面接、プレゼンなどここぞというときに体調を崩すこともある。ありのままの自分を認め、見栄を手放し、等身大の自分を表現したり、創造性を発揮することが課題であり、目標。

乙女座の土星

人に価値を提供できなかったり、他人の要求や期待に応えられないことへの怖れ。きちんと物事を成し遂げられなかったり、正確にできない不安から、仕事や働くことに苦手意識を持つこともある。

完璧にしなくてはいけないという思い込みを手放し、自分ができることを通して人や社会に価値を提供するための努力をすることや仕事の継続が課題であり、目標。

天秤座の土星

人と関わることや協力することに対する苦手意識。フェアであることにこだわりすぎて、人間関係に不満を持ったり、人付き合いを制限しがち。人と適度な距離感やバランスをとり、調和し、お互いに認め、受け入れあい、協調することが課題であり、目標。

蠍座の土星

人と深いところでつながることへの怖れ。誰かと深く関わることで、面倒なことを押しつけられたり、何かを奪われたり、支配されることへの恐怖。徹底的に何かをしたり、とことん追求することへの苦手意識。人でもモノでもこれと思ったものと向きあい、取り組むことが課題で目標。

射手座の土星

自由に広い世界を飛び回ったり、冒険したり、自分の信念や信条を広めたり、伝えたりすることに対する怖れ。宗教に対する苦手意識。海外や外国人に対するコンプレックスや不安。視野や行動範囲を広げ、さまざまな知識や思想に触れたり、ワールドワイドに活動すること、自分の信じている教えや法則を広めることが目標や課題。

山羊座の土星

権力や名声、地位を得ることへの怖れ。プレッシャーがあるが、ビジネスにおいて、成果や実績を出し、それを評価されたいという思いを持っている。そのために実績を作ったり経験を積むことが課題であり、チャレンジ。

水瓶座の土星

独創性や個性を発揮することへの怖れ。グループや集団の中で浮くことへの不安。グループや仲間など集団行動への苦手意識。真の理想や自分らしさに正直になり、風変わりさ、オリジナリティ、天才性を認め、発揮することが課題で目標。

魚座の土星

信じることや共感することへの怖れ。直感や霊感に対する疑い。敏感で傷つきやすく自信欠如ぎみ。人を助けたり、癒したり、感性を発揮したいが理性によって抑え込む傾向。自己イメージが低く、人を助けるほどの力はないと思い込みやすい面もある。自己受容とセルフイメージを高め、癒しやサービス精神、直感力を発揮することが課題であり、目標。

土星のハウスが示す苦手意識や怖れを抱かせる分野

1ハウスの土星

自己否定感。自分に対する苦手意識。容姿に関するコンプレックス。無意識のうちに自分で自分の行動を制限してしまう傾向。義務や責任にもとづいた行動をするため、本当の欲求や衝動にしたがって行動することにためらいがち。課題は自分を野放しにすること、したいようにさせてあげること、自分自身を受け入れること。

2ハウスの土星

金銭や物質に関する欠乏意識を抱きやすい。金銭や物質を受け取ること、貧困への怖れと富を得ることへの制限、抑圧、苦手意識。お金は地道に稼ぐものという思い込み。持って生まれた資質を発揮したり、自分の才能や個性を活かして金銭を得ることへの制限とプレッシャー。それらを手放し、豊かさを受け取ることがテーマ。

3ハウスの土星

コミュニケーション、学力に関するコンプレックス。学びに関しての遅延や停滞。兄弟や親戚、近所付き合いに関する悩みや怖れ、苦手意識。価値ある真実の情報や知識を得て、それを発信したり、伝えることがテーマ。

4ハウスの土星

厳格な家庭環境で育ったり、家や家族に関する悩みなど育った環境に苦労が多いため、家族を持つことや居場所を固定することへの怖れと制限。親密な関係を築くことへの苦手意識。安心できる居場所や身近な人と信頼できる絆を築くことがテーマ。

5ハウスの土星

恋愛や快楽を得ることに対して、制限したり、罪悪感を持ちやすい。愛を受け取ることへの怖れと苦手意識。創造性を発揮することへの重圧。目立ったり、本当の自分を表現することに関する怖れ。楽しみや趣味に関することを仕事にする傾向。ワクワクドキドキにしたがって生きることがテーマ。

6ハウスの土星

無価値感。人に役立ったり、助けたりできるようなことは少ないと考えやすく、自分の価値を低く見積もりがち。仕事に対する苦手意識や自信のなさ。それゆえ、ハードで苦労の多い仕事や職場を選びやすい。専門性と自信を持ち、人や社会をサポートすることがテーマ。

7ハウスの土星

結婚やパートナーシップに関する苦悩や制限。対人関係への苦手意識。他者を信じて裏切られることを怖れるため、現実的なメリットのある関係を求めるか、結婚や関係を持つこと自体を制限する傾向。信頼でき、真実のパートナーシップを築くことがテーマ。

8ハウスの土星

死への恐怖。他人の財産を受け取ったり、人から何かを引き継ぐことへの怖れと罪悪感。他者と深いつながりを持つことへの不安。他人への強い警戒心。性的コンプレックス。他人と信頼関係を築くこと、生死を超えても残るもの、人に引き継げるものを作ることがテーマ。

9ハウスの土星

学歴コンプレックス。海外や外国への苦手意識。精神的なことや哲学、思想的なことに関して真摯に取り組むが、伝統や古い知恵を重んじ、縛られやすい。異教や異文化など、自分が理解できないものに対しては警戒心や偏見を持ちがち。自分が心から信頼できる信条や法則、真理を見つけることがテーマ。

10ハウスの土星

地位や名声、権力を得ることへの怖れと重圧。世間的な評判に関するプレッシャー。本物の実力を身につけ、着実に努力を重ねることで権威や高評価を得やすい。実績や成果を世間に示す必要性。経験を積み重ね強固なキャリアを築くことがテーマ。

11ハウスの土星

集団やグループ、コミュニティへの怖れ。心を開いて仲間と交流することへの苦手意識。友達が少ないかビジネス的なつながりか年上の友人と関わりやすい。変化や先見性を封じ込める傾向。お互いの違いを尊重し、認めあい、自由に人と関わることがテーマ。

12ハウスの土星

潜在意識にある深いコンプレックスと抑圧。苦労したり、不運な目に遭いやすいという思い込み。病気に対する怖れ。人に言えない深い苦悩。それらは、過去生から引き継いだ無力感から来ているため、その癒しと浄化がテーマ。そのために精神世界やセラピーに関わることもある。自分を癒した手法を人に提供できる。

あなたの土星の位置をネータルホロスコープから探して、土星の示す課題やチャレンジ、カルマについて読み取ってみましょう。土星とアスペクトを持つ天体はあなたが現世的目標に取り組むとき、一緒に働く天体となります。

出生の土星からカルマ的課題を知るワーク

あなたのネータルホロスコープの土星♄の星座とハウスから、あなたの魂のカルマ的課題を考察しましょう。

土星は（　　　　）座　（　　　　）ハウス

サインの影響

（　　　　　　　　　　　　　　　　　　　　）

ハウスのテーマ

（　　　　　　　　　　　　　　　　　　　　）

土星とアスペクトする天体

天体（　　　）（　　　）座　（　　　）ハウス　角度（　　　）度

サンプルリーディング

ルイーズ・ヘイの土星

土星♄は蠍座♏で4ハウス。

土星は、火星♂と180度、海王星♆と90度、天王星♅と120度（ここでは、土星とオーブ5度以内のアスペクトを作る天体のみを読み解いています）。

4ハウスの土星は家や家族、幼少時の環境で苦悩や悩み、制限があったことを示します。

家族や身近な人と親密な関係を築くことへの怖れや苦手意識を暗示します。

蠍座の土星は、人と深いところでつながることへの恐怖心を意味します。

その根底にあるのは、誰かと深く関わることで、面倒なことを押しつけられるのではないか、コントロールされるのではないか、何かを制限されるのではないか、という思いです。

ルイーズ・ヘイのホロスコープ

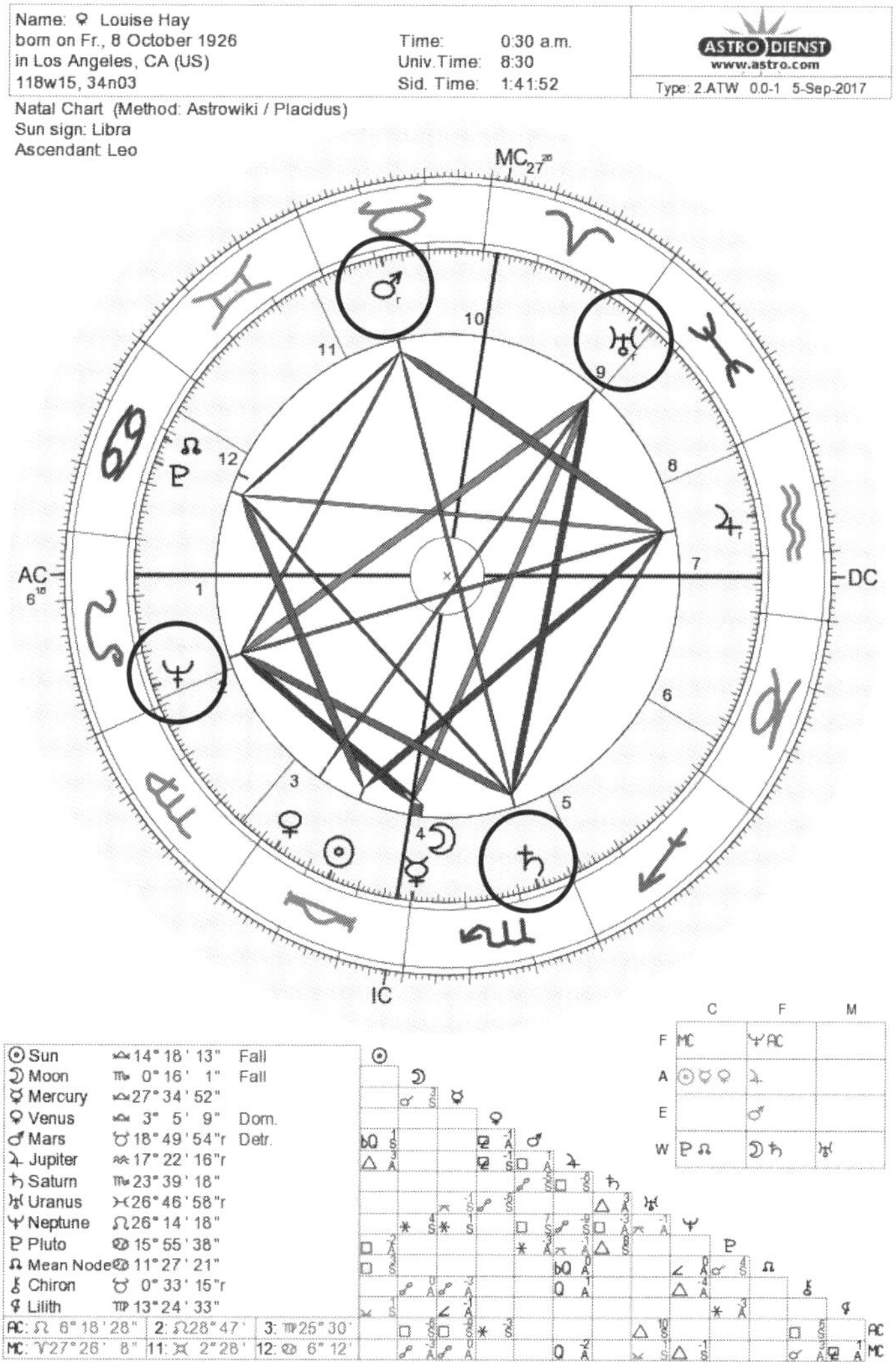

でも、人との深いつながりがないのは、寂しいし、不安。

蠍座の土星はそんな葛藤やお金や人への執着心、自分や他人の欲望に振り回される苦しみを通して、人生について学び、成熟していくことを暗示しています。

この土星は火星と１８０度で天王星と１２０度。海王星と90度。

火星は戦いの星で、蠍座は、深いカルマや力に関する問題や性暴力にも関係します。海王星は慈善や奉仕と同時に混乱や嘘、目に見えない影響に関わります。

これらは、彼女の育った環境が非常に厳しく、暴力的で、また、秘密や混乱が多い家庭を物語っています。

実際には、ルイーズ・ヘイは貧困のため、幼い頃は、孤児院で過ごし、その後、母親に引き取られたものの、母からの虐待、母の再婚相手や隣人から性的暴力を受け、15歳で家出したそうです。

蠍座や冥王星は性に関係します。

牡牛座の火星と蠍座の土星１８０度は、性暴力を暗示し、性的なことや他者と一体化することへの恐怖をあらわします。

幼少期の出来事は彼女にとって深い心の傷となり、混乱と自己不信に陥らせたことはこの火星と土星が1ハウスの海王星と90度となることによって示されています。

この土星テーマと向きあい、自分にとって安全な居場所を作ること、そして、身近な人を信頼し、親密な関係を結ぶことが今生での彼女の課題であり、目標になります。


この土星のテーマを克服するために一緒に働く天体たちもまた火星と天王星、海王星です。火星は、牡牛座、10ハウスにあります。

10ハウスの火星は野心家で、キャリアを築き、仕事でリーダーシップを発揮し、豊かになることを意味します。

4ハウス蠍座の土星は子供の頃、人から経済的な支援を受けたものの、それは限定的であり、苦痛と怖れに満ちたものであったことをあらわし、それを克服するためには自力で豊かになることなのです。

そして、そのためには、癒しやスピリチュアルに関わる本人の資質、直感力や霊的な能力、ヒーラーとしての素質や奉仕精神や人を助けたいという気持ちが活かされることになります（1ハウスの海王星）。

9ハウスの魚座の天王星は、新しい思想や哲学、形而上学、スピリチュアルな知恵をあらわし、これらの学びを通して、彼女の怖れやトラウマが癒され、書き換えられることをあらわします。

その結果が癒しに関する著述や講演におけるビッグな成功なのです。

怖れと向きあうときに一緒に働く天体を意識する

怖れと向き合うには土星と対峙することです。と先ほど書きました。

ルイーズ・ヘイのサンプルを見てもおわかりのように土星のテーマと向きあうとき、土星のサインやハウスが示す事柄をするというだけではなく、土星とアスペクトする天体に関わるテーマも一緒に活用することが大事です。

ルイーズ・ヘイの場合は、土星が牡牛座の火星と180度でしたので、金銭や物質的なもの、豊かさを獲得することに情熱を注ぐことも土星の課題と向きあうときに浮上するテーマだったのです。

これは、10ハウスなので、専門的なキャリアによってそれをするということです。

また、９ハウスの精神世界、思想、哲学が彼女の苦しい体験や学びを物質的な成果や報酬へと変えたのです。

目覚めて生きる＝創造者として生きる

ここまで魂のブループリントを知る上で重要な天体や感受点を読んできました。もう１つ忘れてはならない星があります。それが冥王星です。

冥王星は10天体の中で、もっとも太陽から遠く、極限状態や死と再生、生まれ変わり、変容を示す準惑星です。

冥王星のテーマは、限界を超えることに関係します。

冥王星のテーマに取り組み、そこにエネルギーを注ぐと、この地球で人間として生きる上で、大きな変容が起こります。

生きる上で最上位の課題が冥王星が示す事柄です。

一方、土星のそれは、もっと現世的な目標です。

現実レベルで、肉体を持って、地球で生きていく上での目標で、それを達成すれば、成長することが、土星のテーマです。

それでは、この冥王星の超意識、すなわち魂意識で生きるにはどうすればよいのでしょうか？

第8章

冥王星

魂が目指すのは、オーバーソウルとの一体化です。

そのために、転生を通して、魂の中にある分離感とそれに起因する欲求や怖れを取り除き、クリアになろうとします。ありとあらゆる信念や思い込みを解放し、自由なとらわれのない状態になる。人生はそのためにあります。

分離感を生じさせる怖れや欲望、とらわれは、土星と冥王星に関係します。だからこそ、このテーマと向きあうことで、魂は大きく成長し、進化していくのです。

冥王星が示すのは、魂の中にある強い欲望や思い込み、執着心です。

それは、なぜ、ここ(地球)にやってきたか、再び地球に人生体験をしに戻ってきたかの動機にも関係します。


ネータルホロスコープの中の冥王星がある場所には、魂レベルでのカルマ的な原因が潜んでいます。これは、他の転生から持ち越されたものです。ときにそれは、魂の進化を阻む要因ともなります。

冥王星のある場所のテーマを人は避けては通れません。

冥王星は強制力のある星で、そのテーマに人は向きあわされます。

たとえば、7ハウスに冥王星がある人は、パートナーシップや結婚、人間関係は、強い関心を抱いたり、心に重くのしかかるテーマとなります。

それは、魂にとって大きなブレークスルーのポイントになると同時に、魂の進化を阻む要因ともなりえます。

冥王星のあるハウスのテーマはおもに過去生で深い感情的な体験をしたことに関係しています。死に至る要因となったり、何かを崩壊させたり、すべてを失ったり、自分や誰かを苦しめたり、深く傷つけたりしたことの原因になっていることがそこにあるのです。

だから、冥王星のある場所に怖れや怒りを感じたり、執着したり、極端な行動や関わり方をしやすくなります。また、何らかのリベンジを果たすこともあるでしょう。

そのとき、過去生と同じことが起きる場合もあります。魂は、今度は別の選択や決断をし、このテーマを超えて進化していこうとしているのです。

ネータルホロスコープの中の冥王星がある場所は、人生に深い変容をもたらすテーマを示します。深い変容はそう簡単には起きません。この変容というのは、青虫が蝶になるようなものです。青虫と蝶とでは姿も形も行動範囲もまったく異なります。青虫は空を飛べませんが蝶はひらひらと飛び立ち自由に移動できます。つまり、冥王星があるハウスのテーマは、それくらいの変容が起きる可能性のある場所なのです。

そして、その青虫が蝶に変わるほどの変容をもたらすには、冥王星のテーマに意識的に取り組むことです。

たとえば、冥王星が2ハウスにある場合、2ハウスはお金や所有、資質や才能に関する場所です。

自己の能力や才能を活かして金銭を生み出すということを冥王星の意識すなわち超意識で行うということを意味しています。

これは、冥王星が金銭の部屋にあるからといって、お金儲けを徹底的にするという意味ではありません。

冥王星は、潜在意識のさらに奥の深い意識である超意識に関係します。高いレベルの直感や霊能力は超意識からやってきます。

真の意味で、冥王星のテーマに取り組むということは、この超意識とつながって、行うということです。

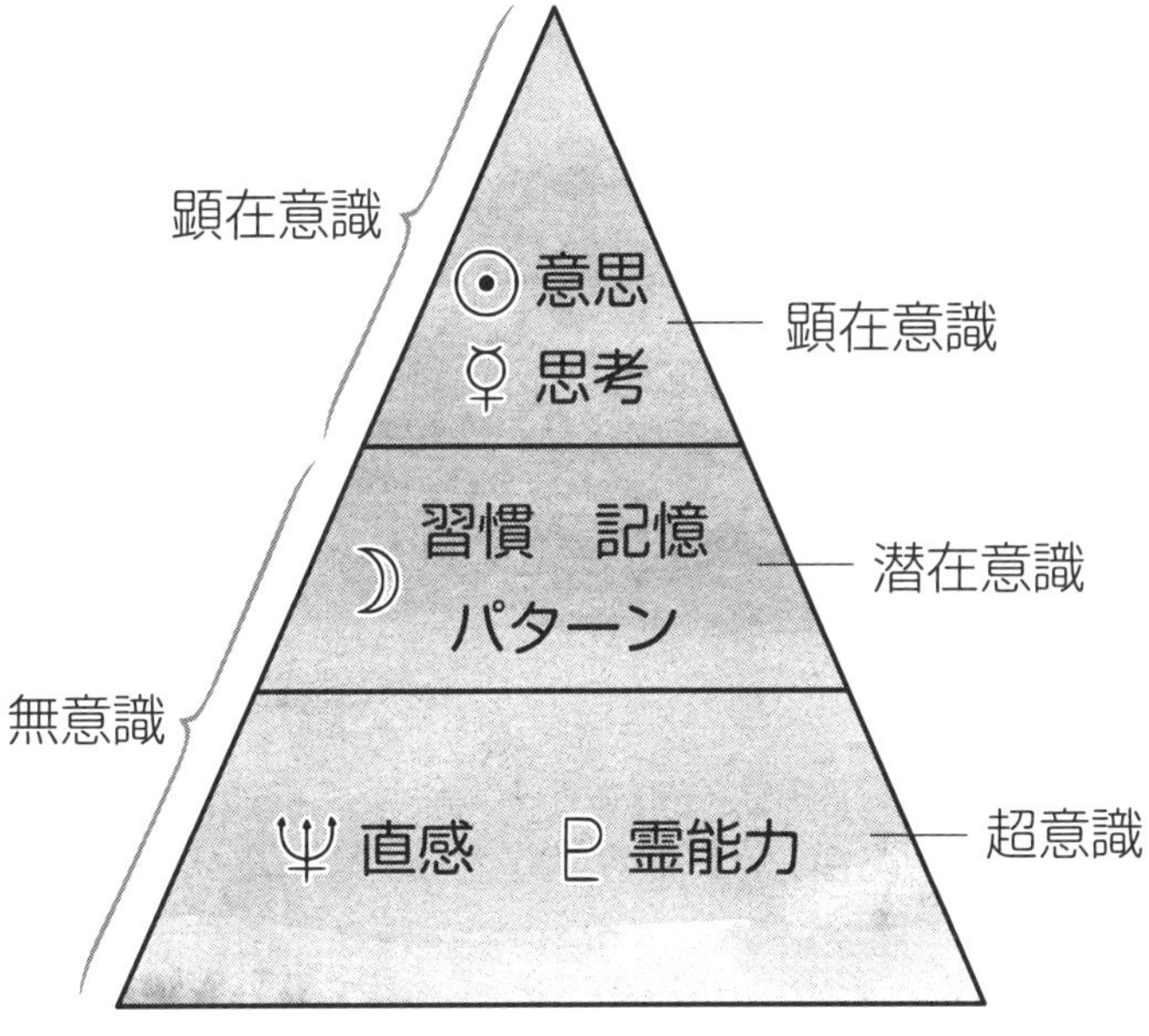

顕在意識・潜在意識・超意識の構造

それは、個我を超えた宇宙の意識です。分離された自分ではなく、魂とつながった状態です。

つまり、エゴや私利私欲はもうその意識にはなく、大いなるものとつながり、一体化してそのテーマ（ハウスに関わること）をするのです。

それは理性的な思考をすることとはかけ離れた状態です。

だから、損得勘定や欲でお金儲けをするといった形にはなりません。

自分ではありえないような価格でモノやサービスを提供するかもしれません。

たとえば、理性で考えたなら、

「こんな値段で採算がとれるわけがない」

ことや、その逆に、

「こんな値段を出してまでこのサービスを受ける人がいるとは思えない」

と思うようなアイデアやひらめきが直感で降りてきたりするのです。

それを理性やエゴで止めたり、抑えたりせず、お金に執着もせず、怖れもせず、超意識とつながって、やってみる。つまりは、自分の個性や才能を人類のために使う。

そのとき、2ハウスの冥王星のエネルギーに真の意味で取り組んでいるといえます。

それは、きっと、自分のためではなく、それを必要としている誰かのため、宇宙のため、人類のため、宿命やカルマにつき動かされているような状態です。

だから、採算がとれなくても、高すぎても、それは次の展開のためにそうなっているのです。そして、すべてのピースがはまったときに、

「あー、そうか、そういうことか」

と気づくのです。

その一連の流れの中で、超意識からの導きがやってきて、絶妙なタイミングで行動したり、シンクロが次々と起きたりするのです。

それが人生に深い変容を起こします。

また、冥王星は究極の星です。冥王星のエネルギーを使うとき、究極の選択を迫られることがあります。

それは、人間としてのエゴを取り外すためでもあり、覚悟を試されるようなものでもあるでしょう。

ロウワーセルフ（低自我）からやってくる怖れや執着心を手放し、直感や宇宙からの導きにゆだね、肉体を通して、体験するために足かせとなる信念や現状を壊すため

に起きることもあります。

冥王星は太陽から離れているため、公転周期は248年。つまり、12星座を一周するのに248~249年かかり、1つの星座に14~23年とどまります。

よって、ホロスコープの冥王星の位置する星座は世代的なカルマにも関係します。魂のブループリントとして個人のブレークスルーポイントを読む場合は、ハウスが中心となります。

ハウスと冥王星

1ハウスの冥王星

1ハウスに冥王星がある人は、内なるパワーや個性、持って生まれた資質や才能を発揮したいという強い欲望を持っています。

この人は、鋭い洞察力と秘めたパワー、強烈な自我と個性の持ち主です。

集中力があり、好きなことには熱心に取り組み、人や社会に提供できる素晴らしい才能や資質があるのにもかかわらず、秘密主義者で、それを隠したり、人と分かちあうことに慎重です。

プライドの高さゆえ、それが否定されるのを怖れている場合もあるでしょう。

あなたが人生に深い変容を起こすには、持ち前の個性や才能、優れた探究心によって発見したこと、培った技術を超意識とつながりながら、人と分かちあったり、表現していくことです。

それは、あなたの天命へとつながっていくでしょう。

もともと持っているのに秘めていたカリスマ性は、花開き、高い能力を発揮して周囲を驚かせるでしょう。人生は、ダイナミックに展開し、人間関係も立場も大きく変わるはずです。

2ハウスの冥王星

2ハウスに冥王星がある人は、財産や所有に関して強い欲望や執着心を持っています。あなたの魂が地球にやってきたのは、お金や自己価値に関わるカルマと対峙するためです。しかし、あなたは、怖れによってこのテーマを避けたり、極端な関わりをしているかもしれません。

あるときは、金銭や物質的なことを追いかけることに熱中したり、執着したり、また、あるときはそれを徹底的に避けたり……。

あなたは、あなた自身の才能や個性をもとに金銭を生み出すひらめきやアイデアを受け取りやすい人です。鋭い経済感覚によって物事の価値を見出したり、利益を生み出すこともできます。

でも、あなたは富や財産を持つことに対する怖れや、そのアイデアやひらめきを人に奪われたり、人に利用されることを怖れて実行に移せないかもしれません。

だからこそ、個を超えて、超意識とつながり、宇宙にゆだねながら、神の意志の道具として、その導きを実行に移すことです。

そうすれば、豊かさは、自然にやってきます。

そして、それは、あなたの人生を根幹から変容させていくでしょう。

分かちあうことで資産が増えるので、循環させることを重視しましょう。

３ハウスの冥王星

３ハウスに冥王星がある人は、秘密や機密情報、マニアックな知識など、あまり人が知らない情報を持っています。

探究心が旺盛なあなたは、興味を持つと、それについてとことん掘り下げたり、調べ尽くすようなところがあります。それこそが、あなたが人生に深い変容を起こすポイントです。

あなたが入手した情報や身につけた知識に自分なりの洞察を加え、人と分かちあうのです。でも、あなたが持っている情報は平凡で一般的なものではありません。マニアックな知識であったり、隠された秘密や極端な考え方の類です。だから、それを誰かに伝えることで、ときに相手から拒絶されたり、怪しまれたり、変な疑いをかけられたりする可能性があります。あなたは、それを怖れ、口をつぐんでしまうのです。

その怖れを克服し、超意識とつながって、あなたのその知識をただ伝える。相手に理解してもらおうとか、共感してもらおうとか、認めてもらおうとか、それによって相手の考え方を変えようとか、そういったエゴや承認欲求を手放して、あなたが徹底的に探究してたどり着いた知恵や情報をわかりやすく伝えるのです。

そうするとあなたの人生に深い変容が起こるでしょう。そして、あなたの魂は深い部分で満たされ、大きく成長します。

4ハウスの冥王星

4ハウスに冥王星がある人は、安心できる居場所や心の安定やよりどころ、保護し、守ってくれる人を強く求めています。ここに冥王星がある人の多くは、家族や家にまつわることで、特殊な体験をしやすい傾向があります。強い影響力のある親や支配的な養育者によって、何かを強要されたり、感情的に抑圧されたりして、心に深い傷を負うかもしれません。家庭内に隠された問題があったり、家や居場所を失う場合もあります。また、家やお墓、土地を守るために自分が犠牲になっていると感じることもあるでしょう。

この人にとって、今回の人生における家族は、カルマ的なつながりがある人たちです。

彼らとは過去生においても家族や身近な関係であり、解消しきれていない問題があったため、再び、家族となったのです。相手からされたことを恨みつづけるのでもなく、また、嘆き悲しむのでもなく、すべてを放棄し、相手に服従するのでもなく、強い感情、憤りや深い悲しみ、怒りなどを手放し、お互いを自由にし、真の安全な居場所や幸福な家庭を作ることこそがあなたに深い変容をもたらします。

場合によっては、壊れた家族を再生することであったり、衰退していた家を再興することを通して行われることもあるでしょう。

家族や身近な人から受けた極端な信念や脅迫観念を手放し、自分自身の体験にもとづいた新しい信念へと書き換えることが深い変容へとつながります。家を建て替えるように心を再生する。それがあなたにとって、この人生で重要な深いテーマです。

5ハウスの冥王星

個性的なキャラクターや芸術的な分野で天分を発揮しやすい人に多い配置です。

5ハウスに冥王星がある人は、独創的な自己表現力があります。ただし、それは、強い支持や熱烈なファンを生み出す一方で、反発や批判、バッシングを受ける可能性があります。なぜなら、この人が楽しみや喜びを見出すものは風変わりなものや特殊なものになりがちだからです。また、普通のことであったとしても、とても変わったアプローチをしたり、極端な表現をする傾向があります。だから、理解されないどころか、強烈なバッシングを招くのです。この人は潜在的にそれを知っているため、怖れによって、ひっそりと表現するか、それを封印してしまいます。でも、心の奥ではそれをしたくてたまらず、あなたがしたい個性的な表現をしている人に嫉妬心を抱いたりするのです。それは、あなたの魂の進化を阻んだり、人生を停滞させてしまいかねません。あなたは、子供のような無邪気さと純粋さで、あなたが心から楽しいと思うことをとことんしていればいいのです。ただし、それを一人でひっそりと楽しむのではなく、勇気を出して人と分かちあうことです。そうすれば、あとは、魂のプランが展開していきます。趣味や遊びがプロレベルになったり、その道の達人になることもあれば、演出能力や企画力を買われる場合もあります。人生はドラマチックで、ワクワクするものとなっていくでしょう。人生を遊び倒す。それが５ハウスの冥王星の人のブレークスルーと変容のカギとなります。

６ハウスの冥王星

６ハウスに冥王星がある人は、人や社会、職場やグループ内など、自分のサポートを必要としている人たちに役立ちたい、価値ある何かを提供したい、という強い欲望を抱いています。それはおもに人の健康や仕事に関わることでしょう。

しかし、それらが秩序正しく、安定し、効率的に働き、より良い成果を出すにはどうすればいいかと探求していると、根本的なシステム、日常の習慣、食生活、日々のルーチンなど仕組みそのものを変えなくてはならないという結論にたどり着き、圧倒されてしまいます。それは、簡単なことではありません。だから、そのような提案をしたところで、強い反発や抵抗に遭うだろう、理解されずムダに終わるだろう、そんな思い込みから、問題点を見つけたとしても、見て見ぬフリをしたりしてしまうのです。

また、仕事についても組織に貢献し、自分にしかできないことをしようと熱心に取り組んだかと思えば、すべてを投げ出したくなったりなど、その間で葛藤しつづけるでしょう。

これらの怖れと思い込みを手放し、超意識とつながって、あなたはあなたに課せられた役目をひたすら果たすことです。

多くの場合、洞察や分析力、調査力が必要な仕事にたずさわるでしょう。

そして、それに集中することで、仕事で超人的な能力を発揮し、業界で頭角をあらわします。あなたのスキルを求めてオファーが殺到したり、カリスマ的な存在となるといった事象とともに、あなた自身が自分と宇宙を深く信頼できるようになります。

宇宙とともにあなたの魂に刻まれた能力や経験をこの人生で提供し、人々の意識を変え、社会の秩序を整え、人の心身の健康へ寄与していくのです。

それが人生に深い変容をもたらします。

７ハウスの冥王星

７ハウスに冥王星がある人は、運命的な絆を持つパートナーを強く求めています。実際、この人には、宿縁の相手がいて、この人生にやってきたのは、再びその人と巡り合うためです。そして、それは、単なるロマンチックなストーリーではありません。多くの場合、その宿命の人と出会うと、過去生での借りを返すか、返されることになります。

その人は、結婚や恋愛相手の可能性もあれば、宿命のライバルであったり、共同事業者などのビジネスパートナーの場合もあります。そして、彼らとの間には、複雑な問題が潜んでいます。支配と服従、裏切ったり裏切られたり、傷つけたり傷つけられたりといったことがあり、それを癒したり、心の奥にある相手や自分に対する感情や思い込みを解放したりする必要があるのです。

だから、あなたは、今生でも、人に対して疑いを抱いたり、人間関係において、利害について洞察したり、どうやって相手より優位に立とうかと考えるかもしれません。

それゆえ自分の本音や感情を隠すこともあるでしょう。1対1のパートナーシップは、支配するかされるか、利用するかされるかだという極端な思い込みや怖れを持っている場合もあります。

あなたが最初にすることは、人よりも自分に対する不信感と罪悪感を手放し、自分を許すことです。それができたとき、あなたの人に対する怖れは癒され始めます。

そして、超意識からやってくる直感とあなたの心の中にあるピュアな愛にしたがい、パートナーシップに関することを宇宙にゆだねれば、あなたは真に運命的な絆を持つ人と巡り合うでしょう。そして、過去の意識レベルでは達成しえなかった素晴らしい絆を結ぶことができます。また、そのパートナーシップによって、人生がガラリと変貌していきます。

8ハウスの冥王星

8ハウスに冥王星がある人は、他者と深く関わること、性的な事柄や誰かと資産や財産を共有することに強い関心がある一方で、そこに怖れを抱いています。そのため、人や自分の欲求に気づいても、それを封印したり、歪《ゆが》んだ形でそのエネルギーを使うかもしれません。あなたが、自分の内側にある強い欲望に目をそむけているときは、借金やパートナーのお金の心配、相続争い、性的な問題などが起きることもあるでしょう。形は違えど、それらは、すべて、あなたの他者と深い絆を持つことや何かを共有することへの怖れに起因しています。それは、あなたが人と深く結びつくということは、表面的なつながりだけではなく、相手のすべてを受け入れなくてはいけないことや、面倒なことや裏事情なども知った上で金銭や後ろ盾、財産を受け取ることであると知っているからです。しかし、あなたが受け継いだり、引き受けたりするものは宿命的なもので、魂同士の約束のもとであなたのもとにやってきています。そして、その代わりに課されるものは、相手とではなく、宇宙との契約なのです。コントロールしようと思っても、拒絶しようと思っても、もっと大きな流れの中でそれが起きてくるので太刀《たち》打ちできません。

だから、あなたはそれに関する疑いや不安を手放し、宇宙や先祖や守護霊にゆだね、あなたは彼らの意思を肉体を使って体現するのだという意識でいればいいのです。そうすれば、あなたは予想もつかないギフトや後ろ盾を得て、人生は大きく変容していきます。そのとき、あなたは、死後の世界や目に見えない世界の仕組みを理解し、彼らと一体となって人生を創造していることでしょう。

9ハウスの冥王星

宗教家や真理の探究者、スピリチュアルリーダー、啓蒙家、カリスマ的な教師によくある配置です。

9ハウスは、精神世界や思想、哲学、教育の部屋で、ここに冥王星がある人は、思想や宗教、精神世界や哲学的なことに関して、強い探究心を持ち、その結果、深い洞察を得ます。

それは、あなたが、宇宙の法則や仕組み、叡智や真理を知りたいという強い欲望を抱いているからです。そして、結果的に神秘学や霊的なテーマに精通したり徹底的に探究する人となるでしょう。

その結果、あるときから、神や守護霊、天使などから、霊的なメッセージやお告げを受け取るようになる人もいます。また学問研究や教育の分野で、特定の思想や考え方を広めていく人もいます。

そして、探究して知り得た知恵や宇宙の法則、受け取った霊的なお告げを怖れず、人に伝えたり、広めたりすればするほど、そのような情報や導きは超意識からやってくるようになるでしょう。

それが人生を大きく変容させるポイントです。人を支配したり、私利私欲のためでなく、自我を手放し、大いなるものと一体化して、人類の精神性の向上や知的発展に貢献しようという思いで真摯に取り組んだとき、あなたのいる世界は、大きく変容しているでしょう。

10ハウスの冥王星

10ハウスに冥王星がある人は、権威者となったり、特別な地位や名声を得ることへの強い欲望を抱いています。

しかし、その一方で、権力を得ることに恐怖を抱き、完全にキャリアを放棄する場合もあります。並外れた名声を築くか、まったく何もしないかといった、キャリアにおける極端さが出るのがこの配置です。

10ハウスの冥王星は特殊なキャリアや経歴を意味します。魂が心からしたいこと、すなわち、天命を仕事にし、徹底的に取り組んだとき、それは、あなたのものとなるでしょう。

しかし、イヤイヤ何かをしていたり、平凡なやり方ではなかなかそこにたどり着けません。寝食を忘れて熱中するほど好きなことを仕事にするのが近道です。そして、異色であることを徹底的に強調したり、人並みはずれたプレッシャーや責任を背負ったり、世間からのバッシングを怖れず、ダイナミックに専門性や特異な才能を表現することで、カリスマ的な地位を築くのです。そして、それによって人生が深いところから変容していきます。

それには、あなたが、超意識とつながって、常識や慣習、道半ばにおけるまわりの評価を気にせず、ただ、ハート（魂）と宇宙の声にしたがって行動しつづけることです。

11ハウスの冥王星

11ハウスに冥王星がある人は、強い野望やどうしても実現したい願望を魂が持っています。

そして、それを達成するには、仲間やグループのサポート、集団的な力が不可欠でしょう。

そのため、この人の組織や仲間に対する洞察には並々ならぬものがあります。

多くの場合、非常に宿命的で、魂レベルで強く結びついた友人やグループ、組織に惹きつけられ、強いつながりを持ちます。

しかしながら、その一方で、この人は、仲間や友人に対して、疑り深く、心から信頼できると思えるまでなかなか心を開けなかったり、偏見や先入観から、心を閉ざしてしまうこともあるでしょう。

また、実現したい願望や野望についても、分かちあわずにひっそりと進めようとする場合もあります。

それを乗り越えるには、超意識とつながり、わきあがる思いや直感にしたがい、縁あって結びついた非凡な才能を持つ仲間や友人、特殊な集団の中で、理想や願望を分かちあい、ともに取り組んでいくことです。それを通して、人生が深いレベルから変容していきます。

仲間たちとも魂レベルでより固い絆が結ばれ、ともに新たな未来を切り開き、社会改革を行っていくことになるでしょう。

12ハウスの冥王星

12ハウスに冥王星がある人は、過去生から背負ってきた宿命的なテーマを持っています。どうしても、取り組まなくてはいけないことがあり、人生の早い時期から、徹底的にそれに関わり、そのために時間やエネルギーをほとんど使うことになるでしょう。あるいは、その宿命から逃げようと病気になったり、引きこもったり、自己破壊願望を持ったりする場合もあります。

後者の場合は、過去生から背負ってきたテーマによる傷やトラウマがあなたの心に潜んでいて、まずは、それを癒す必要が出てきます。

そのために、さまざまなセラピーやヒーリング、占い、瞑想、潜在意識探索などを行い、いつしかその分野について並外れた知識やスキルを持つことになることもあります。

それは魂のプランの1つでもあるのです。

しかし、あなたは、あなたが受け取った直感や霊感を信頼できなかったり、それよりも他者の意見や論理的な情報を優先してしまいがちであるかもしれません。それは潜在意識にある自己不信によるものです。

あなたは深い瞑想をすることで、超意識とつながり、理性的な声や判断をだまらせ、霊感やイメージを受け取ることに専念する。

それによって、人生に深い変容が起こります。自己不信やトラウマや傷も癒され、生まれ変わったような体験をすることでしょう。

手術や重篤な病気がそのきっかけとなる場合もあります。

第9章

自己創造と
魂のブループリント

魂のブループリントはどこまでプランニングしていて、人が自由意思にもとづいて自己創造できる部分はどこまでなのでしょう？

魂のブループリントは、魂がこの地球でしようと計画してきたガイドラインです。その中で、どのような体験をし、どこまで魂を進化させるかはその人次第です。あくまでも青写真なのです。

だから、ネータルホロスコープに縛られて生きようとしなくてもいいのです。

ネータルホロスコープというのは、生まれたときの状態です。

これまでの転生で魂が身につけてきたパターンや経験、才能や乗り越えられなかった課題、カルマ、さらに魂特有の個性を示しています。

それをもとにして、魂のブループリントの示すガイドライン、何を目指し、どのようなテーマに取り組むと魂が進化するか？　それが魂のブループリントであり、ホロスコープなのです。

そして、そのための方法や選択肢は無数にあります。

だから、魂のブループリントを生きるために絶対にこれをしなくてはいけないということはありません。

ただ、心の中からわきあがる思いにしたがって生きていると、自然に魂が描いたガイドラインとそう遠くない人生を歩んでいるということになるのです。

また、惑星や12星座は宇宙から注がれるエネルギーです。

これは、どの次元を生きようと変わらずあるものです。

しかし、次元が変わると、同じエネルギーであっても、関わり方や表現が変わってきます。

古典的な占星術における凶星、吉星といった概念を超えて、それぞれの星が持つ固有のエネルギー、性質として、働くものという認識になります。

たとえば、刃物は「ものを切る」性質があり、それを調理や木の伐採などに使うか、誰かを傷つけるために使うかは、その人次第です。

星のエネルギーや星回りもそれと一緒です。

意識の次元が上昇すればするほど、人生は自分で創造するものとなります。

「不幸な星のもとに生まれたかわいそうな私」

ではなく、ホロスコープは魂のヴィジョンや転生の過程を知るものであり、それを踏まえて、

「星のエネルギーをこのように活用する」

「人生をこのように創造する」

そのための生きる上での叡智の1つという認識になるのです。

創造主となったつもりで運命のシナリオを書いてみよう

この本で、魂のブループリントをリーディングする方法を書いてきました。

太陽、月、土星、ドラゴンヘッド、冥王星。ASCとMC、そして、これらと関わる天体たち。

その説明を読んで、魂の意図がなんとなく見えてきたでしょうか？

十分に惑星のエネルギーなどを理解したり、ホロスコープを読めるかどうかに関係なく、この本を読んでなんとなく見えてきたこと、魂の目的や意図はこうなのではないだろうかと考えつくことを書いてみましょう。

もともとあなた自身が人生に対して、感じていたこと、あなたが人生に期待していることなども織り交ぜて、創造主になったつもりで、魂の計画＝運命のシナリオを自由自在に書くのです。

どこから始めても構いません。

これまでの人生を振り返ってもよいですし、これから先の人生にフォーカスしてみるのも面白いでしょう。

書き出したシナリオを実現しようと思う必要もないですし、サクセスストーリーでも、コメディでも何でもよいのです。

悲劇、喜劇、今のままの延長線なら……、最高の人生はといろいろなバージョンを書いてもよいかもしれません。

この運命のシナリオを書くことで、あなたは、より高い次元と意識で、あなた自身の人生や運命というものを見つめることができるはずです。

そして、もっと自分の人生を愛することができるでしょう。

また、これまでの人生において直面したチャレンジや苦悩が、あなたをある場所に導こうとするために起きていたことに気づくかもしれません。

あなたを学び成長させていたことを知り、感謝の思いが出てきたり、勇気がわいてくることもあるでしょう。

超えられなかった壁や苦しみを引き寄せていた思い込みや心のクセに気がついたり、その解放も起こったりするはずです。

納得すること、理解すること、魂の目的に同意することはあなたにパワーや自信を与えます。

書き方のコツ

運命のシナリオを書く際には、より高い意識になるために音の力を使うのがおすすめです。

ヒーリングミュージックや瞑想用のCDを用意してかけたり、持っていない人はYouTubeなどで探してもよいでしょう。

すべての天体をトータルで読むのが難しい場合は、天体別やテーマ別にしてもよいでしょう。

結婚編、天命編、太陽を中心に人生の目的を読むのもよいでしょう。

人生創造のための3つのカギ

私たちは多次元に存在しています。

ここでいう次元とは、世界や場所のことではなく、意識状態のことです。

２０１２年の冬至に地球がアセンションするまで、多くの人たちの意識は、三次元であったとされています。

三次元の意識とは、物質中心で肉体の中の自分が、自分であると思い込んでいて、源とは切り離された分離の意識状態です。

肉体＝自分であるという意識であるため、より物質的なものに価値を見出し、それを重要視します。

肉体を持って生き延びるために維持や保守ということに重きを置くため、ときとして、愛より怖れから選択したり、行動します。肉体が自分だと思っているので、自分は無力で大した力はないという信念を持ちがちです。

良い悪い。上か下か、勝者と敗者、強者と弱者、救済する人とされる人、光と闇、ポジティブとネガティブなどの二元論に対する強い信念があり、そのどちらかを支持したり、否定し、そのためのジャッジ（判断）がされ、否定されることを怖れるのも三次元的意識の特徴です。

自分と他者とを切り離して考えているので、相手が傷つこうが失敗しようが関係ない、自分には影響しないだろうと考える世界です。

そこでは、運命は決まっていて、人生は与えられるものであるという思想や価値観にもとづいています。

しかし、地球がアセンション（次元上昇）したことで、人々の意識は四次元から五次元にシフトしています。

四次元より上の世界では怖れより、愛によって人生を選択し、創造します。

肉体だけが自分ではないこと、すべてはつながっていることを知っています。

思考が現実化することを理解していますが、まだ、思考を使い切れないところもあります。精神的なことを大切にし、物質的なことと同様に重視します。この次元では、人生は、意識によって創造できるものだという認識です。ただし、100％創造しきれているとは思っていません。人や社会は多様化し、それぞれの個性や生き方を尊重しようとします。

そこでは、人生や運命は与えられるものではありません。

それは自らの意思で作り出していくものです。

運命のいたずらや誰かのせい（仕業）ではなく、すべてはあなた自身か、魂が選択した結果なのです。

そして、自らの意思や意図によって、人生を創造するには、四次元以上の意識で生きることが前提となります。

つまり、怖れではなく愛を選択しつづけるということです。

「これが好きだから」

「これがしたいからしよう」

「この人たちが幸せになってほしいから」

「私が幸せになりたいからこれを選ぼう、これをしよう」

は愛にもとづいたものです。

そして、さらに上の五次元意識では、すべては、自己創造であり、「意識」が中心の世界です。

そこでは、意識上で作られたものが物質社会にあらわれるという考え方で、

「人生はすべて自分の心（意識）が決めている」

という認識になります。

真の自分は肉体の中に閉じ込められた存在ではなく、多次元的に存在していることを知っています。ハイアーセルフや魂、源とつながりを持って生きています。そのため、真の自分＝創造主の一部であるため、自分自身にはさまざまなことが可能であるという思いを持っています。

行動や自己表現は創造者としての表現で、愛や情熱にしたがい、すべては1つであるということを知っている意識状態です。内なる叡智に目覚め、自分のそれを他者と分かちあおうとします。

ここでは、人生は魂の成長や経験のための場であり、それは神とともに創造するものとなります。

もう、誰かのせいでもなく、「運命のいたずら」もありません。

「存在のすべては、自分が意識を向けた結果である」

という認識のみです。

この次元で生きることができれば、もう運命に弄《もてあそ》ばれたり、振り回されるのではなく、自らの運命の導き手となることができます。

それは、自らが運命の舵取りをするということです。

航海をするときは、海の上で右も左もわからない状態です。

そのときに、現在地や方向を探るには、羅針盤や地図が頼りになります。

人生においても、今、自分はどの地点にいて、どこに向かっているのかを教えてくれるものや指針があると便利です。

その1つが魂のブループリントでもあるホロスコープですが、他にもあります。

それは、次の3つです。

- **宇宙とつながる**
- **内なる声に耳を傾ける**
- **進化しつづけることを選ぶ**

これらは、人生を創造する上で大きな力となるものです。

宇宙とつながる

宇宙とつながるとは宇宙のリズムに合わせることです。

それは月のサイクルや星のリズムを意識して生きることを意味しています。

長年、多くのホロスコープを見てきて、また、日々、ブログやメルマガに星のメッセージを書いてきて、天体の運行と社会で起きること、人が体験することには関係性があることを実感しています。

いつも、

「やっぱり」

「そうだよね」

「なるほど、そういうことか」

の連続です。

そうでなければ、とっくに占星術を用いたリーディングも、新月や満月のメッセージも配信していなかったでしょう。

また、新月や満月のメッセージをメルマガで配信すると、

「まさしく今日の記事にあるような星回りどおりのことが、起きています」

「最近、感じていたことと一緒でした」

というご感想を毎回のようにいただきます。

占星術や星読みが人気なのも、多くの人がそれが当たるも八卦当たらぬも八卦の占いではなく、宇宙のリズムや流れを読み取ったものであることに気づいているからでしょう。

星占いは、私が子供の頃からあり、それなりに支持者はいましたが、ここまで、市

民権を得たのは、今が、占星術のサイクルで、「水瓶座時代」に移行していることと無関係ではないはずです。

今、宇宙存在からのメッセージやET（地球外生命体）とコンタクトしたり、自分の出身星を知りたい人が増えているのもこの水瓶座時代の影響でしょう。

水瓶座時代とは、占星術のサイクルの1つである2000年周期による時代区分のことです。

約26000年周期の歳差現象により、春分点の位置する星座は約2000年ごとに変わります。

イエス・キリストの誕生から約2000年間は魚座でした。

それが、今、水瓶座へと移行しようとしています。

それが水瓶座時代です。

水瓶座時代は、「意識」や「波動」に重きが置かれます。

水瓶座の波打つようなシンボル ♒ は「波動」をあらわしています。

宇宙にあるすべてのものは振動していて、特有の波動を持っている。

そして、同じ波動を持つ者同士が共鳴し、引きあう。

水瓶座時代への移行期に並行して、「引き寄せの法則」をはじめとする宇宙の法則が脚光を浴びています。

それは、水瓶座が意識や波動、宇宙や天に関わる星座であるためです。

だからこそ、「引き寄せの法則」に関する知識や情報を多くの人が知る必要があり、本などが多数出版されているのです。

そして、水瓶座時代が進むにつれ、宇宙への関心はさらに高まり、惑星のエネルギーとつながる人はますます増えてくるでしょう。

人生を創造する上でも宇宙のリズムに乗るとスムーズです。

そのために占星術の専門家になる必要はありません。

今は、インターネットなどで多くの占星術師が自らがキャッチした星の影響やエネルギーを発信していますし、満月や新月など月のサイクルの情報はカレンダーなどでも入手できます。それらを意識したり、なんとなく感じていることや今起きている出来事を照らし合わせれば、タイミングや、今は動くときであるとか、今は手放すときであるということが自然にわかってきます。

宇宙のリズムに乗るということは、自然のリズムと同調することです。

それは、過ぎ去った出来事にとらわれたり、後悔しつづけたり、この先、どんなことがやってくるかということに意識を向けるのではなく、今、ここで生きることを意味します。

そして、できることを精一杯したら結果や流れは宇宙におまかせというスタンスです。

これは、宇宙や目に見えない導きを信じると同時に自分も信頼するということです。自分は宇宙を構成する1つの要素。

すなわち、宇宙は自分。だから、宇宙を信じることは自分を信じることでもあるのです。

そうやって、リズムに乗って執着を手放すと人生はどんどん軽やかになり、シンクロニシティも増えていきます。宇宙は常に最善のタイミングで最適な場所へと導いてくれるので、必要以上に頑張ったり、無理したり、あれもこれもしなくていいことに気づけます。

結果、楽に生きられるようになります。

内なる声に耳を傾ける

内なる声とは、魂からの導きのことです。

これをするのに良い方法は、瞑想などを通してハートの声を聞くことです。

四次元や五次元の意識で生きることを決めたとしても、年齢を重ねて老化していく肉体や現実的な出来事を目の当《ま》たりにすると、怖れや不安から選択しそうになったり、何かに執着してしまうことがあります。

「愛がすべて」

「自分が創造主」

と知っていても、ときに分離の意識に陥り、

「本当はこれがしたいけど、難しそうだから、ここで手を打っておこう」

といった判断をしたり、自分の可能性を制限してしまうことがあります。

これらが、すべて悪いわけではありません。

ただ、「現実的」なことや物質にとらわれてしまうと、限定的な考えをしたり、心から望んでいないことに意識を向けてしまうことがあります。

そうなると、魂のプランとは違う選択をしてしまいがちです。

その結果、まっすぐ進んでいれば、魂のヴィジョンが次々と実現していくのに、あえて遠回りとなるようなことをしたり、いつまでも行動に移さなかったりして後々「もっと早くしていればよかった」と悔やんだりします。

だから常日頃から、自分の心に意識を向けて今ハートが何を感じているのか、何を望んでるのか、自分の心に気づくことはとても大事なことなのです。

今していること、これからしようとしていること、出来事に対して、どんな気持ちでいるか？

ハートが喜んでいるのか。

ワクワクしているのか。

不安を感じているのか。

怖れがあるのか。

なんとなくモヤモヤしているのか。

それはどこからやってきているのか。

何に起因しているのか。

それらは、今、あなたが向かおうとしている先とあなたの魂のプランが一致しているか、そのまま進んでOKかということを教えてくれます。

あなたがそのときどきタイムリーに感じていることや繰り返し繰り返し思うことは、魂からの導きです。

そして、それは、理性的な判断や外からやってきた情報よりもはるかに精度の高いあなたを導く最良の羅針盤《らしんばん》となるのです。

また、ネガティブな感情や何かしら、心に引っかかることがあるからといって、それらはすべて魂のプランと違うというサインではありません。

土星や冥王星のテーマは魂にとって、大きな可能性を開くことですが、それは限界を突破したり、怖れを超えた先にあります。

だから、その示すテーマに向きあうときは、たいてい「恐怖」を感じます。

実際、今あるものを壊して、立て直すようなことが必要になったりするので、部分的には「破壊」や「損失」「停滞」が起きることも確かなのです。

だから、それを予見したり、キャッチして、

「恐ろしい」とか「嫌な予感」

がしたりするのです。

そして、そういうときはたいてい、

「それをしたほうがいい気がする。でも、怖い。できるかどうかわからない」

「今まで築きあげたすべてを失うかもしれない」

という不安を感じます。

でも、それが魂のプランに沿っているような場合には、怖れや不安を抱きつつも、

「嫌だけど（怖いけど）、そうしたほうがいい気がする」

「ここを避けるのは違う気がする」

という思いも浮かびます。

逆に、

「頭で考えれば、そうしたほうがいい」

「そうすべきだと思っても、気が乗らない。なんか違う」

というのもまた、ハートからのメッセージなのです。

そして、これらの微妙な感覚が何を意味しているのかは、ふだんからハートの声に耳を傾けていて、実際に現実に起きてくる出来事と比較検証をしているとだんだん気づくようになります。

そうすると、

「怖いけど、やっちゃえ」

とエイっと飛び込むまでの時間も早くなりますし、まわりに、お得だ、チャンスだと煽《あお》られても、

「なんか違う」

と思えば、迷いなくスルーできるようになります。


そして、それには、常日頃から心と対話することです。

また、あなたの感情が揺れているとき、それを否定したり、蓋をしたりするのではなく、その感情を認め、その根本にあるものを見ていくことです。

そして、まずは、一番、ハートが情熱を感じたり、心地よさを感じることにしたが

ってみることです。

進化しつづけることを選ぶ

3つ目の人生創造のカギは、

「進化しつづけることを選ぶ」

ことです。

うまくいっているとき、穏やかで平和な状態のとき、

「あー、これがずっと続けばいいいな」

と思います。

しかし、すべてのことは変化しています。

「現状維持は退化」

ともいわれます。

もっと上、「もっともっと」は苦しそうで、嫌な感じがするかもしれません。

そして、何事にもサイクルやリズムがあるため、上昇するとき、停滞するとき、終わるとき、始まるときはどんなことにもあります。そのため上がりつづけることは不可能です。

「進化しつづけることを選ぶ」というのは、貪欲に何かをひたすら追い求め、満足せず、常に上がることだけを目指すというのとは違います。

宇宙のリズムやサイクルの中で、常に意識を高め、変化（進化）に抵抗しないということです。

以前、名古屋のリニア・鉄道館を訪れたときに、歴代の新幹線とともに新幹線の進化の過程が展示されていました。

江戸時代は江戸から大阪まで歩いて2週間くらいかかっていたそうですが、今や東京から新大阪まで約2時間30分で行くことができます。

でも、1964年の東海道新幹線開業当時には、東京から新大阪まで4時間かかったそうです。

それから50年かけて、技術革新と人々のたゆまぬ努力や創意工夫によって半分近くまで移動時間を縮めてきたのです。

この展示を見たとき、なんだかとても心に響くものがあって、進化とはこういうことかと感じました。

「4時間で行けるからこのままでいい」でもなく、ただスピードを速めるのでもなく、安全で安定的な走行を確保した上で、少しずつ時速を上げ、移動時間を縮めていく。

こうやって、少しずつ、これまでの限界や制限を超えていく。

水瓶座は「波動（周波数）」と「意識」に関係します。

波動や電波は、天王星が象徴します。

天王星は、今までの限界や既成の概念、常識など、旧来のパターンを打ち破る星。

そして、それこそが、進化であり、周波数を高めることにつながる。

今までできなかったことができるようになったり、タイムが縮んだり、経験値が増えたりする過程で人は多くのことを学んだり、気づいたりします。

そして、その結果、不可能だったことが可能になります。

水瓶座時代は、黄金時代の到来だといわれています。それは人々の意識がますます進化し、人類の可能性が広がるからでしょう。

でも、つつがない状態や、守りに徹して過ごしているだけではなかなか周波数は上がりません。

だから、この流れの中で加速的に進化し、周波数を高めるには、「限界」や「枠」を取り払うことを意識する。

たとえば、今まで1時間かかっていたことを55分でしてみる。

もちろん、クオリティや成果は一緒というのが前提です。

早ければいいとかそういう意味ではなく、チャレンジしたり、必死になったり、試行錯誤したりしているとき、人は、生命エネルギーが溢れ出ています。

そして、「今ここ」に意識があって、肉体の中に入っています。

そういうときに、人は

「ここまでが限界だ」

と思っていたこと、

「これしかない」

「このやり方しかない」

と思っていたことを超えられ、自己改革が起きるのです。

そして、それは周波数を高めることにもつながっていくのです。

第10章

ソーラーロゴスを身体、ハート、思考に取り込むワーク

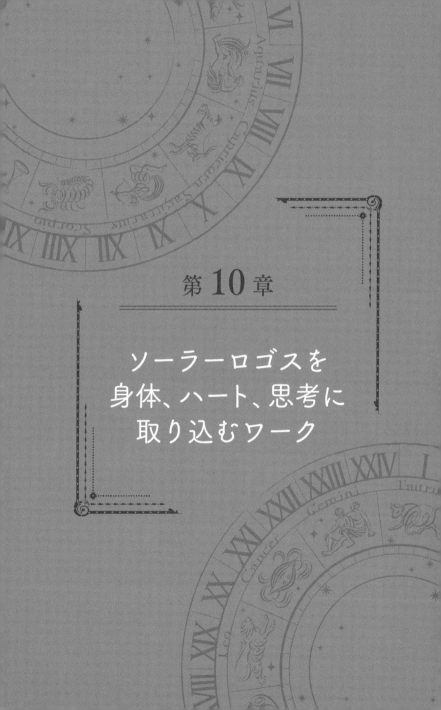

これまで多くの方のホロスコープを見てきたり、地上で起きる出来事と星の配置の関係を読み解き、

「星の配置とピッタリ符合する！」

と何度も思った一方で、ホロスコープとご自身の生き方が合っていない、ホロスコープどおりでないと感じたこともゼロではありません。

占星術は占いで、星の影響なんて単なる思い込みに過ぎないのだから、当然だろうと思われるかもしれません。

もちろん、人生にはいろいろな要素が影響してきますので、星のエネルギーの影響で、すべてが決まるわけではありません。

でも、今まで東西のさまざまな運命学や占いを探求してきて、数千年単位で受け継がれてきているものには、それなりに人生のバイオリズムや資質や個性など、参考になる部分があると感じています。そして、その中でも、実際に天空を移動する太陽系の星たちを用いる占星術は、とびぬけて、的中率の高いものです。

それは、占星術が宇宙から降りてきているエネルギーが人や社会にどう影響するかをもとに作られた体系だからです。

そして、ホロスコープどおりでないと感じたといっても、まったくホロスコープがあてはまっていないわけではありません。

ホロスコープを読むときにはおもに10個かそれ以上の天体を使います。そのため、いろいろな要素があらわれます。たとえば、幸運や発展、制限や苦悩など、ここが課題、このような問題と人生で直面しやすい、といったさまざまな示唆があらわれます。

そして、占星術のセオリーでいわゆる良い配置を持っていても、それが、あまりあてはまっていないように感じる方は、たいてい、課題やチャレンジの部分だけは合致しています。でも、

「こういう才能があるのに」

「このような分野で活躍できたり、発展のチャンスがあるのに」

というところは使われずじまいなのです。

これは、クローゼットの中にある衣類やアクセサリーに、とてもステキなものがあるのに、着古したヨレヨレのTシャツばかりを着ているようなものです。

ステキな洋服があってももったいないからと着ていないか、着ないうちにその存在

を忘れてしまった。そんなイメージです。

なぜこのように自分の本質を発揮しきれないのでしょう。

ホロスコープで示される「幸運」や「才能」をあまり活用されていないと感じた方は、家族や身近な人との関係に悩みを抱えているケースが非常に多いです。そして、身近な人から本質を否定されて育った人が少なくありません。インナーチャイルド（心の中にいる内なる子供）が傷ついていて、自分を愛せない。自分で自分を受け入れられない方も多くいます。

つまりは、「自分らしさ」を否定しているのです。

「自分は自分でいると良くない」

「本当の自分では、人から受け入れられない。愛されない。だから、自分以外のものにならなくてはいけない」

と思い込んでいるのです。

自分らしさは、ホロスコープでは、太陽です。

自分が主体となって、この人生を創造する上で、太陽のエネルギーを発揮することはとても重要です。太陽は生命エネルギーであり、創造性です。この太陽が使われないと、自分らしく輝いて生きることが難しくなってしまいます。

そして、自分を否定するということは、この「太陽」のエネルギーを封印したり、制限したりしてしまうことになるのです。

また、「幸運」を享受し、「才能」を発揮してはいるものの、まだまだ、できるのに制限をかけている人もまた、太陽意識を十分に発揮しているとはいえないのです。

魂のブループリントの中にある太陽意識は、聖なるソーラーロゴスのあらわれです。ソーラーロゴスとは宇宙全体の秩序を司る神意識のことで、そこには光の叡智が宿っています。

つまり、ホロスコープの中の太陽には、太陽系を生きる上で重要な光の叡智があるのです。

太陽意識は、地球において、私たちが、何者で、どのような目的を持って生きるかに強く影響を与えています。それを使えば使うほど、内なる魂は活性化し、魂の叡智やパワーとつながります。結果、私たちの創造性や具現化力も高まります。

では、この太陽意識をもっと発揮するにはどうすればよいでしょう？

そのためには、ソーラーロゴス（神意識）の一側面であるグレートセントラルサンの原初のエネルギーと太陽意識をあなたの肉体に降ろし、活性化することです。

それは、自分たちが大いなる宇宙の一部であることを思い出させるでしょう。

また、魂のブループリントに刻まれた太陽のプランや目的を思い出し、内なる叡智や宇宙ともつながりやすくなります。

惑星のリズムと同調し、流れるように魂のプランが進んでいきます。

グレートセントラルサンとつながり、内なる魂の光を活性化する瞑想法

目を閉じて心を静めます。

肩の力を抜いて、骨盤を起こして、背筋がまっすぐになるように座ります。両足を

ぴったり床につけて、呼吸に意識を向けて、深呼吸しましょう。

ゆったりと、リラックスしていきます。

深呼吸をしながら、あなたの体の中にある痛みやもうすでに手放す準備ができている今のあなたに不必要な感情を呼吸とともに吐き出していきます。


あなたの肉体のまわりにあるオーラフィールドを意識します。

そのオーラフィールドの最上部から最下部まで、あなたの背骨に沿って、光の柱があると想像してください。

ゆったりと呼吸をしながら、その光の柱を、地球の中心に向けて伸ばしていきます。

地球の中心にあるクリスタルにこの光の柱をつなげます。

感謝の思いとともに、地球の中心のクリスタルから母なる地球の女神・ガイアのエネルギーを受け取り、光の柱を通って肉体まで、吸い上げます。

呼吸を使って、オーラの最上部までエネルギーを吸い上げたら、ダイアモンドの光を放つ太陽があなたの頭上にあるのをイメージします。

太陽の光があなたの頭上に降り注がれ、肉体、オーラへと広がっていきます。

頭上から注がれた太陽の光は、光の柱に沿って、頭上から、眉間《みけん》、首、ハートの中心（両胸の間）、みぞおち、仙骨、会陰、オーラの最下部を通って地球の中心へと降りていきます。

意識を胸と胸の間のハートのセンターに持っていきます。

そこで、小さな光の球に包まれたミニチュアのあなた自身をイメージします。

光の球に包まれたあなたを頭のてっぺんに移動させます。

光の柱をオーラのてっぺんからさらに頭上の太陽まで伸ばしていきます。

その光の柱を通って、光の球に包まれたあなたが、太陽へと上昇していきます。

いつの間にか光の球に包まれたあなたは太陽の中にいます。

太陽の中に入ると、神殿があります。

その中には、大広間があり、中央に玉座があります。

イメージを使ってあなたを光の球から出して、玉座に座らせてください。

あなたが玉座に座ると、太陽の光の使者たちがあらわれ、グレートセントラルサンの原初の光のエネルギーで魂の光を活性化するかどうか尋ねます。

もし、あなたがそれを受け取る準備ができていたら、彼らにその意志を伝えます。

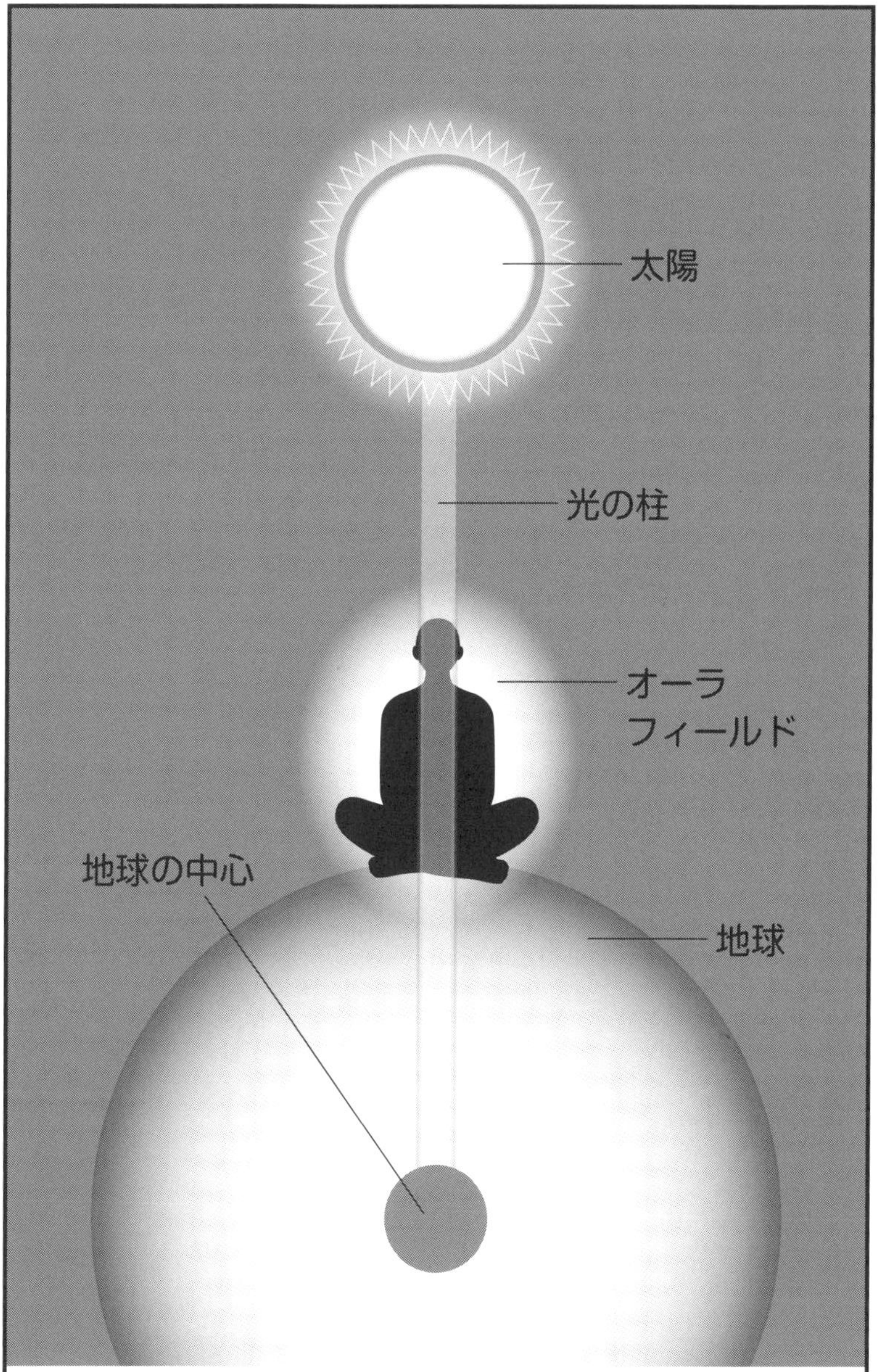

グレートセントラルサンとつながり、内なる魂の光を活性化する瞑想法

このように宣言します。

「神聖なる私の名のもとに、私は原初の太陽の光を受け取り、私の魂の光を活性化します。

そして、内なる叡智やパワーとつながり、宇宙のリズムと同調し、魂のブループリントを発動させ、本当の自分に目覚めて生きていきます」

あなたが、宣言すると、彼らは、あなたの頭上にゴールドの六芒星《ろくぼうせい》✡のシンボルを載せます。

そうすると、あなたの座っている玉座の上の天井部分が開きます。

そこから、グレートセントラルサンの原初の光のエネルギーが降ろされてきます。

六芒星を通って、あなたの頭頂から、エネルギーが注がれていきます。

そのエネルギーは、あなたの頭の後ろの松果体を活性化します。

そのエネルギーによって、松果体が点火されたのを心の目でイメージします。

さらにエネルギーは喉を通り、ハートの中心（両胸の間）へと注がれ、ハートの中心の内側の奥を点火します。

さらに、みぞおち、仙骨、会陰まで、降ろされ、会陰と尾骨の間を点火します。

そのまま、オーラの最下部までエネルギーを降ろしたら、全身とオーラフィールド全体がグレートセントラルサンの原初の光のエネルギーで包まれるのをイメージします。

その場で深い呼吸を繰り返し、グレートセントラルサンの原初の光のエネルギーがあなたの中にしっかりと注がれるのを感じつづけます。

グレートセントラルサン、太陽意識と太陽の光の使者に愛と感謝のエネルギーを注ぎ、玉座から立ち上がり、再び、光の球の中に入ります。

そうして、光の柱を通って、あなたの胸と胸の間のハートのセンターまで降りていきます。

ハートの中心から５㎝くらい内側に入った場所に六芒星のシンボルをしまいます。

深く３回深呼吸して、グレートセントラルサンの原初の光のエネルギーをあなたの肉体、オーラ、エネルギーフィールド全体へと広げていきます。

この状態のまま、あなたの魂のブループリントの意図や地球での高い目的、出生の意図、太陽を意識的に使う方法などについてガイダンスを受け取りましょう。

心ゆくまでガイダンスを受け取ったら、宇宙とあなた自身、まわりにあるすべてに感謝を捧げ、今ここの肉体の中に戻ってきます。

ブロック解放ワーク

何かを制限したり、阻むのは土星のエネルギーです。

手に負えなかったらどうしよう。
責任を取れなかったら……。
減ってしまったら……。

そういう怖れは土星です。土星は責任や削減の星です。
誰かとの関係やつながりを絶ち、自ら孤独になろうとしているときも、そこには、土星の「失うかもしれない」「損するかもしれない」「苦しむかもしれない」という怖れが潜んでいます。

だから、減らないように、損しないように、苦しまないように、自らそれを制限し、ブロックを創り出しているのです。

そのブロックは、守っている面もありますが、可能性を制限し、分離感を生み出していることがあります。これを取り除くのは感謝です。

怖れがあるとき、そこには〇〇したらどうしようがあります。

たとえば、文句を言われたらどうしよう。

ひとりぼっちになってしまったらどうしよう。

喜んでもらえなかったらどうしよう。

邪魔されたらどうしよう。

収入が減って困窮したら、どうしよう。

そういう思いがあります。

その

「なくなったらどうしよう」

に意識を向けるのではなく、

望んでいることをまず明確にします。

たとえば、何かをするときに、批判を怖れているのであれば、では、どうなればよいのか？

支持してほしいのか。
共感してほしいのか。
理解してほしいのか。
サポートしてほしいのか。
いろいろあるはずです。

そのどうなればよいかという望みを明確にして、そして、もうそれを受け取ったものとして、感謝します。

「〇〇してくれてありがとうございます」
「共感してくれてありがとう」
「わかってくれてありがとう」
「応援してくれてありがとう」

と、先に感謝をするのです。

その感謝をしたとき、あなたは感謝したことが起きたときと同じ周波数になっています。

そして、そのエネルギーを深呼吸しながら、あなたの肉体や、オーラ全体に取り入れていきます。

これを繰り返すうちに、ブロックはどんどん解放されていきます。

怖れやブロックを取り除くワーク

リラックスして座り、呼吸に意識を向けて、深呼吸します。

背骨を中心に頭のてっぺんから足の先まで光の柱があるとイメージします。

ゆったりと呼吸をしながら、その光の柱を、地球の中心に向かって伸ばしていきます。

地球の中心に光の柱が到達したら、そこから、地球の慈愛に満ちたエネルギーとつながります（そう意図することでそうなります）。

深い呼吸を使って、そのエネルギーをあなたのハート（両胸の間）に吸い上げます。

そのエネルギーをハート（両胸の間）から全身に広げます。

ハート（両胸の間）に意識を向けて、その内側にある神聖な魂の光を感じます。

「私は光です。私は愛です。私は創造主のあらわれです」

と心の声で宣言します。

その状態であなたが「怖れ」を感じている事柄を思い浮かべ、

「〇〇という思い込みや思考は、私には不要です。私はそれを解放し、自分の望む現実を創る思考を選びます」

と宣言します。

そして、あなたが望んでいる創り出したい現実を宣言します。

「〇〇になって嬉しいです。ありがとうございます」

「〇〇することができて幸せです。ありがとうございます」

と感情をこめて、宣言します。

そして、宣言したあとのエネルギーを感じながら3回深呼吸して、肉体とオーラに取り込んでいきます。

＊「嬉しい」、「幸せ」ではなくてもかまいません。あなたがピッタリくる言葉を使いましょう。できるだけ光景をイメージしながら宣言しましょう。

魂とのつながりを強化するためのハートチャクラ活性化ワーク

魂のブループリントに描いたプランを私たちは生きようとしています。それを知っているいないにかかわらず、多くの人は、そこに示された分野に惹かれ、それに関わることをしています。しかし、ときに内なる声や感情から、サインやメッセージが来ているのに、それをシャットアウトしたり、抑え込むことがあります。

それは、内なる声にしたがうよりも、理性的な判断や常識で行動したほうがよいと考えるからです。それが積み重なっていくと、無意識のうちに、ハートがざわわする（たとえば、本来の魂のプランと違う方向へと進もうとしているサイン）といったものを感じるのが嫌で、次第にハートを閉じ、魂からの声を自ら遮断してしまうのです。

それは、人にハートを開いて接して傷つくことが嫌で、ハートを閉じるのと同じようなものです。

ハートの感度が高まり、魂とのつながりを取り戻すと、私たちの思考や行動は、もっと魂のヴァイブレーションと共鳴しやすくなります。そうすると、より魂のブループリントを生きやすくなります。

直感力も高まり、過去や未来のことを逡巡《しゅんじゅん》する時間も減り、「今ここ」に意識がある状態が増すでしょう。

それは、目覚めた状態で、魂のブループリントを生きることでもあるのです。

音でハートチャクラを活性化

音楽や言葉は、波動を変えたり、高めてくれるのにとても有効なツールです。太古から音にヒーリング効果や霊的なパワーがあることは知られていて、治療や祈禱《きとう》、聖なる儀式の際は、歌や音楽、踊り、チャンティング（詠唱）、呪文などが使われてきました。

音には特定の周波数があります。

音楽をかけたり、歌ったりすることで、その周波数を取り込み、振動数を上げることによって、大いなる存在や宇宙とつながりやすくなるのです。

私もいつも音や言葉の力を使っています。

文章を書くときも倍音のCDや、クリスタルボウルの音源を聞いたり、瞑想する前にマントラを歌ったり、米国の変性意識を研究する機関であるモンロー研究所で制作した両耳から違う周波数の音を聞くことで変性意識状態を創り出すヘミシンク®音の入ったCDをかけ、場のエネルギーを高め、自分の中心や宇宙とつながりやすい状態になります。

ガイドやハイアーセルフとつながるときには彼らを召喚する言葉とともに彼らの名前を呼びます。

以前、ハートチャクラを活性化して、魂とつながるには、どうしたらよいかについて、高次元の存在に尋ねたことがあります。

そのときに、受け取ったガイダンスが、トーニングやチャンティング、そして、神の名を呼ぶことでした。

このガイダンスを受け取るよりもかなり前に、瞑想中にヒンズー教の神の一人であるクリシュナ神からメッセージがやってきました。

当時はクリシュナ神とつながったこと自体が半信半疑で、メッセージも果たして本当なのだろうかという思いに駆られました。そこで、アセンデッド・マスターオラクルカードを取り出し、「今、受け取ったメッセージがクリシュナ神からのものであるなら、クリシュナのカードを出してください」とお願いして、カードを1枚引きました。

果たして、出たのはクリシュナのカードでした。確率は44分の1です。

実はそれ以前から、マントラを歌うドイツ人の歌手デヴァ・プレマール（Deva Premal）の曲をよく聞き、口ずさんでいました。その中でも特にお気に入りだったのが、「Om Namo Bhagavate」というマントラの曲でした。

これは、以前あるワークショップに参加したときにみなで歌った曲でした。そのときは、「無条件の愛を呼び覚ます歌」と教わり、それ以来、気に入り、いつも歌っていたのです。

しかし、あるとき、インターネットでこの曲がクリシュナ神を讃えるヒンズー教のマントラであることを知りました。

それは、クリシュナ神からのメッセージを受け取ったあとでした。

この曲が好きで口ずさんでいたから、クリシュナ神とつながったのか、それとも魂がクリシュナとのつながりを知っていたからこそ、その曲に心惹かれたのか、そのどちらなのかは「卵が先か鶏が先か」という話になります。

いずれにしても、音や言霊にはヴァイブレーションがあり、それに合ったものを人生に引き寄せてきます。

以前、ある本で、ガンジーが「ＲＡＭＡ」（ラーマ）というマントラを唱えつづけたことが書かれていました。「ＲＡＭＡ」（ラーマ）とは、ヒンズー教のヴィシュヌ神の化身の名前です。ガンジーは神の名を唱えることで、その守護が強まることを知っていたのでしょう。神の名を復唱したり、マントラを唱えることは、霊的な成長や魂を活性化する助けになるはずです。

歌以外にも、〝トーニング〟と呼ばれる何かに意識を合わせて、声を発生することにもパワーがあります。

魂には共鳴する音がありますので、魂に意識を合わせて、トーニングすることは内なる魂を活性化させます。

トーニングで魂がその音と共鳴すると、内側が振動するのを感じます。それは、肉体と魂が調和しているのです。そのとき、音や声の持つ響き、振動によって、癒しと活性化が起こり、魂と肉体や思考が同調しやすくなります。

神の名やマントラは、人それぞれ親和性を感じる神様やマスターも違いますので、ハートチャクラの奥に意識を向けてトーニング（発声）することで、魂とのつながりを強化するワークをご紹介します。

音叉やシンギングボウルなどの楽器に合わせて、トーニング（発声）するのもおすすめです。次第に魂の声や感覚にも敏感になり、大地、宇宙とのつながりも強化されるでしょう。

このワークは、ハートチャクラを活性化して、ハートの奥にある魂の声や導きをキャッチしやすくするものです。

魂のエネルギーと同調するハートチャクラ活性化ワーク

骨盤を起こして座り、深い呼吸を繰り返しながら、リラックスしていきます。

あなたの肉体のまわりにあるオーラフィールドを意識します。オーラフィールドの最上部から最下部まであなたの背骨に沿って、光の柱があると想像してください。

下は地球の中心へ、上は天高く伸びていくのをイメージします。

胸と胸の間のハートのセンターに意識を向けて、その内側にある神聖なあなたの魂の内なる光を感じます。そして、その光を深い呼吸とともにあなたの肉体、オーラへと広げていきます。

魂に意識を向けながら、発声し、それを魂に響かせます。

オ――――ム、
ア――――、
イ――――、

ファ――――、
ヤァ――ム
フ――――ン、
ラ――――ム

など、さまざま声で、肉体、オーラ、エネルギーフィールド全体にその音の振動を響かせます。

このとき、魂と共鳴する（心地よい）と感じる音を探しながら、いろいろな音を響かせていきます。

そのピタッとくる音が魂を呼び覚ます音となります。

あなたの魂に刻まれた叡智にアクセスする

あなたの魂には、数々の転生で身につけたたくさんの叡智が刻まれています。

また、ハイヤーセルフを通して多次元にいる並行現実を生きている存在ともつながっています。

彼らの持つ叡智もまた、「今、ここ」のあなたが受け取り、活用することができます。

今ここにいるあなたは、あなたの魂に連なるあらゆる存在たちと、つながり、コミュニケーションを取ることができます。

あなたの魂に、多くのコードのようなものが伸びているイメージです。

そのコードは、あなたの魂につながっているたくさんの転生です。

それらは、あなたの過去生や違う星での転生、違う肉体でこの地球に同時に存在している並行現実（パラレルワールド）の存在です。さらにその魂はオーバーソウルとそこに結びつく別の魂にもつながっています。

その魂につながった存在たちは地球や他の星でたくさんの経験をしていて、多くの叡智を持っています。

今生で成し遂げたい分野の経験がまだ少ない場合は、そのコードによって、その分野に強い存在たちの叡智を手繰り寄せることができます。

魂に刻まれた叡智にアクセスするワーク

ご自身のオーラフィールドを片手幅に引き寄せます。

ゆったりと深い呼吸を始めます。

足元と骨盤から、母なる地球に根を張るイメージをします。そして、地球の慈愛に満ちたエネルギーとつながります。

深い呼吸を使って、そのエネルギーをあなたのハートのセンターに吸い上げます。

そのエネルギーをハートのセンターから全身に広げます。

ハートのセンターに意識を向けて、その内側にある神聖なあなたの魂の内なる光を感じます。

その光から多くのコードのようなものが伸びているのをイメージします。

それは、あなたの魂につながっているたくさんの転生です。

あなたの過去生や違う星での転生、違う肉体でこの地球に同時に存在している並行現実（パラレルワールド）もいます。さらにその魂はオーバーソウルとそこに結びつく別の魂にもつながっています。

その魂につながった存在たちは地球や他の星でたくさんの経験をしていて、多くの叡智を持っています。

そのコードを伝って、今、あなたに必要な叡智を魂経由で受け取ることができます。

心の声で魂にあなたが欲しい叡智を伝えてください。

深い呼吸をしながら、あるコードから、魂を経由してあなたの肉体とエネルギーフィールドにその叡智が流れ込んでくるのを感じてください。

人によっては、ヴィジョンが見えたり、その転生のイメージがやってくる人もいます。メッセージを受け取ったり、質問があれば尋ねてみてもよいでしょう。

自由にそれをしてください。

最後にあなたからも魂とそこにつながっているコードたちに感謝のエネルギーを注ぎましょう。

おわりに

最後までお読みいただきありがとうございました。

私は、占星術を単なる占いではなく、宇宙から注がれるエネルギーや魂のブループリントをひもとく道具として認識し、それが伝えようとしているメッセージを読み解くようになってから人生が大きく変わりました。

それは、おそらく、そのことを通じて、肉体にとらわれている小さな自分の見識で、人生をどうにかしようとするのをやめて、宇宙のリズムと同調しながら、魂の声を聞き、そのときどきで湧き上がる思いにしたがって生きるようになったからではないかと思っています。

そして、それは、結局、魂のブループリントに描かれたプランを生きることでもありました。

本書の中でも何度か触れた水瓶座時代は、一人一人が自分らしさを発揮して、他者とエネルギー交換をしながら、共同創造していく世界です。

その世界を生きる上では、本当の自分を知り、受容し、愛することが大きなカギを握ります。

水瓶座時代は、獅子座の要素も重要になります。獅子座は水瓶座の真反対にあり、180度の関係にあたる星座です。12星座は反対に位置する星座とお互いを補完したり、影響し合います。

獅子座は、自己表現の星座です。

水瓶座時代に他者と共同創造するには、「本当の自分」を表現することが重要です。

あなたがどんな個性や才能を持っていて、どんな風に人生を創造しようとしているのか、この人生で何をしたいと思っているのか、それをあなた自身も、他者も理解すればするほど、あなたにふさわしい場所や機会、人との縁が与えられ、望みも叶いやすくなるでしょう。

魂のブループリントに描かれた人生の目的や計画を思い出すことは、その助けになるはずです。

そして、本書がその一助になれば、この上ない喜びです。

本書を出版するにあたり、多くの方のお力をお借りしました。株式会社ヒカルランドの石井健資社長、編集の小澤祥子様、石井社長とのご縁をつないでくださったピンクまさ様、けいこヴァールハイト様には大変感謝をしております。

また、本書を手にとってくださった皆様にも深い感謝を捧げます。

エルアシュール

（旧版刊行時の著者名）

新装版のあとがき

2017年に本書を出版してから6年が経ちました。

その間、世界は大きく変化しました。

これは、「水瓶座時代」に本格的に突入したことと関係しています。

1990年代の終わりごろから、

「もうすぐ水瓶座時代がやってくる」

という言葉が広まりましたが、人や社会が大きく切り替わったのは、2020年12月22日に水瓶座の0度で木星と土星が重なったグレートコンジャンクションの時であると感じています。


水瓶座は先端技術やテクノロジー、発明、発見、変革に関わる星座です。

よって、この時代は、科学や技術の進歩によって新たな発見が次々ともたらされ、これまでは神秘とされてきた未知の領域が明らかにされていきます。

それによって、社会の構造や常識、人々の生き方も大きく変わっていくのです。

実際、2023年3月に冥王星が山羊座から水瓶座へ移動したころに、ChatGPTをはじめとする多くのAIが出現し、社会にまたたく間に浸透し、私たちの生活に大きな影響を及ぼしはじめました。

その後、日々、進化したAIがあらわれ、これまで人がやってきたことが、どんどんAIにとって代わられています。

そのスピード感たるや過去にないものでした。

今後、AIやロボットの進化はますます加速し、私たちの今までできなかったことを可能にし、私たちの制限や限界を取り払っていくでしょう。

また、さまざまなものから、解放され、自由度が高まっていきます。

そんな時代だからこそ、私たちの個性や創造性、どんな生き方を選択するかという意志がより重要になってきます。

また、水瓶座時代は、人とのつながりがとても大切です。

ひとりひとりが独自性を発揮し、同じ目的や理想を持つ仲間やグループと支え合いながら、共同創造していく。

それが、この時代において、最高最善の人生を叶える方法なのです。

2017年に出版した本書のあとがきを振り返ると、次のような言葉がありました。

「水瓶座時代に他者と共同創造するには 本当の自分を表現することが重要です。

あなたがどんな個性や才能を持っていて、どんな風に人生を創造しようとしているのか、この人生で何をしたいと思っているのか、

それをあなた自身も他者も理解してすればするほど、あなたにふさわしい場所や機会、人との縁が与えられ望みも叶いやすくなるでしょう」

ホロスコープを通して、自己理解を深めるのはそのためです。

あれから6年経った今も、私が本書を通して、お伝えしたいことは、これに尽きます。

水瓶座時代の潮流を肌で感じて、ますます、その思いが強くなっています。

とはいえ、ホロスコープに示される魂の目的や計画を左脳的に分析し、無理にそれに合わせる必要はありません。

まずは、まっさらな状態で自由にどんな生き方をしたいのか、人生において、何を創造したいのか、思いを巡らせてみてください。

その上で、それを可能にできる才能や資質、根拠をホロスコープから見つけ出したり、自信につなげたりして、あなたらしさを大いに表現しましょう。

そうすれば、本来のあなたのパワーがあふれて出て、一緒に共同創造する仲間とのつながりも出てくるはずです。

星の叡智を活用して、素晴らしい未来を切り開いていきましょう！

最後になりますが、いつも応援し、温かい言葉をかけてくださる読者の皆様、本書がきっかけで計4冊の本を一緒に作ってくださったヒカルランドの小澤祥子様と高橋さやか様、この本を手に取ってくださったあなたにも心からの感謝を捧げます。

ありがとうございました。

2023年7月

光海

光海　みつみ

神秘学研究家、日本占星学会主任講師、エネルギーワーカー

幼少期からエネルギーに敏感で、見えない世界に興味を持つ。

伝記が好きで、人生や運命に影響を与える目に見えない要素、周期的なサイクル、シンクロニシティ、運命学や占術について研究を重ねる。

20代前半に出会った、『信念の魔術』（C・M・ブリストル（著）ダイヤモンド社）という本に影響を受け、信念と潜在意識を活用して人生を切り開くことに興味を持ち、アファメーションやイメージング、瞑想、チャクラヒーリングなどを日々の生活に取り入れるようになる。

その効果を実感する一方で、長年探究してきた占いや運命学が自分を制限したり、ネガティブな信念体系を作ったりするのではないかという疑問や葛藤を抱く。

多くのホロスコープを読み解く中で、持って生まれた運の善しあしよりも、本来の性質や個性を活かし、発揮していることが成功者に共通していることに気づき、それが最強の開運方法であり、豊かな人生を送るカギであるという認識に至る。

現在は、古代神秘主義思想にもとづいた宇宙の法則、スピリチュアル占星術、チャクラ、易等を研究し、惑星のエネルギーとつながるアクティベーションワークや占星術講座、ハイアーセルフとつながる講座、オラクル・カードリーディングセミナーなどを開催。

本当の自分を知り、魂の本質を生かして、より良い人生を創造するための個人セッションも行っている。

人生のテーマとミッションは、人が本当の自分（魂の本質）を発揮し、最高の人生を創造するための情報や叡智、〈覚醒のメッセージ〉を宇宙とつながって届けること。

2023年、活動名をエルアシュールから光海に改名。

『宇宙が導く易占いBOOK』を上梓。

エルアシュールとしての著書に『魂のブループリント』、『星で見つけるあなたの豊かさの引き寄せかた』、『魂のブループリントノート』（以上、いずれもヒカルランド）、『人生が変わる「見えない存在」とつながる本』（かんき出版）など多数。

公式HP「Cosmic Insight」
https://synastryhouse.com/

＊本作品は2017年10月、ヒカルランドより刊行された『魂のブループリント』の新装版です。

宇宙が教える魂の占星術BOOK
［新装版］魂のブループリント
星で「本当のあなた」を知り、最高の人生を創造する

第一刷　2023年8月31日

著者　光海

発行人　石井健資
発行所　株式会社ヒカルランド
〒162-0821　東京都新宿区津久戸町3-11　TH1ビル6F
電話　03-6265-0852　ファックス　03-6265-0853
http://www.hikaruland.co.jp　info@hikaruland.co.jp
振替　00180-8-496587

本文・カバー・製本　中央精版印刷株式会社
DTP　株式会社キャップス
編集担当　小澤祥子

ISBN978-4-86742-285-4

〈新企画！〉

宇宙の法則で望む自分を生きる！
光海の神秘学＆人生哲学サロン

講師：光海（神秘学研究家）

易神秘学研究家の光海先生による待望のお話＆交流サロン、開催です！星読み、易、人生哲学、宇宙の法則、エネルギーや見えない存在たちの不思議な世界……そのときどきの宇宙の流れに即した旬な情報を毎回シェア。ご参加者さまご自身もリラックスして会話にご参加いただけます。美味しいお茶とスイーツを堪能しながら、スピリチュアルトークを満喫しましょう♪

開催日は、いずれも占星術鑑定により【大開運日】を選定。天空に満ちる発展的エネルギーを取り入れるためのアクティベーション（活性化）ワークもおこない、ご参加者さまの変容をサポートいたします。

10／22は…
＼牡牛座木星×乙女座金星トライン／
「愛と豊かさの星ヴィーナス＆拡大と幸運の星ジュピターから豊かさを受け取る！」の巻です♪

ご参加いただくことで……
✓そのときどきの惑星エネルギーを知り、ご自身の人生にうまく活用

本といっしょに楽しむ イッテル♥ Goods&Life ヒカルランド

◉シンクロニシティカードと『次元間トラベリング』

《5D》高次元エネルギーを光速チャージ!
次元間トラベリング
著者：FUMITO／LICA
B6ソフト　本体1,556円+税

シンクロニシティカード
著者：FUMITO／LICA
定価：本体3,000円+税

FUMITO & LICAさんは初めての著作『次元間トラベリング』で「異次元の生命体」との交流を明らかにしました。そうした不可思議な体験の中で自然と生まれてきたのが、「シンクロニシティカード」です。今、あなたに必要なメッセージとは!?　2種類の異なるカードを同時にシンクロさせて、高次元宇宙から最適な答えを導き出す――まったく新しいオラクルカードが誕生しました！　メッセージカード33枚とカラーカード11枚を併用することで、新たな気づきのメッセージ、さらに必要なエネルギーやカラーサインなどを受け取ることができます。幸せへのシンクロパワーを次々と呼び込み、かけがえのない人生の羅針盤にもなるでしょう！　カードの完全マスターを目指す実践セミナー講座も開講していますので、こちらもご参加をお待ちしております。

【お問い合わせ先】ヒカルランドパーク

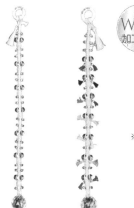

Tarot of the Forest

majo の森のタロットカード

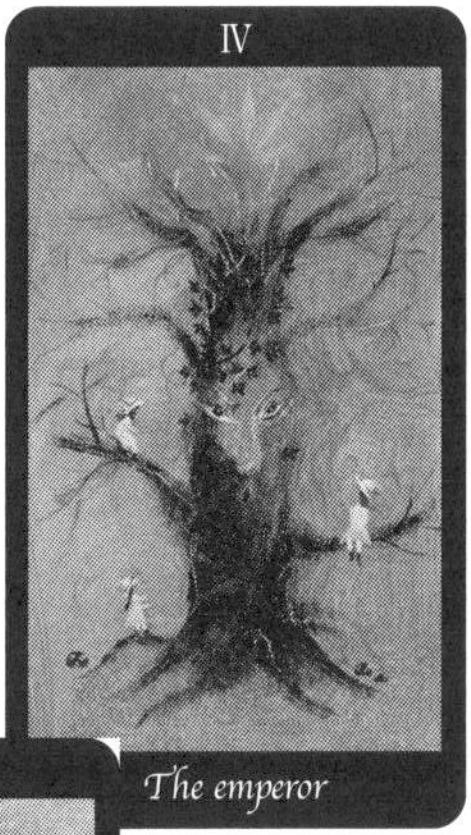

森の扉を開きましょう。
森の中で原始の息吹を感じてください。

森にはたくさんの妖精が、
それぞれの生命を燃やしています。
大きな木、生まれたての木、
樹木たちの話を聞いてみたいと思いませんか？

少し「人」というパッケージを離れて。
彼らとともに森の中の営みを探ってみるのも良いかも？
思い出して欲しいのです。
私たちも遠い昔、
その森の仲間であったことを…

パッケージの中の本当の自分と会話するために
カードをいち枚、ひいてみませんか？
答えは？ ねっ！
自分の中の奥深くにちゃんと在るのです。

作者：majo／内容：大アルカナカード22枚＋解説書
製造・発売元：ニチユー株式会社／4,620円（税込）

ヒカルランドパーク取扱い商品に関するお問い合わせ等は
メール：info@hikarulandpark.jp　URL：https://www.hikaruland.co.jp/
03-5225-2671（平日11-17時）

■ 太陽のカードの特徴

『水は何でも知っている』という本をご覧になった方は多いと思います。コップの水に「愛しているよ」と言えば、美しい六角形の雪の結晶となり、「馬鹿」と言えば、結晶の形が崩れてしまう。これは、人間の声とその言葉の意味の波動が、水分子に直接的な影響を与え、分子結合構造に微妙な影響を与えるからだと考えられます。液体の状態の水分子は、いくつかが集まり、集団で1つの固まりになったり、それがまた崩れたりしながら、いろいろな方向に向かって自由に運動しています。水がさまざまな形に変化できるのは、分子がこのように自由に動いているからだと言われています。太陽のカードはここに着目しました。

◆ ユーザー様からのご報告実例 ◆

◎心が落ち着く、出来事に冷静に対処できる
◎熟睡できる・睡眠時間が短くてもだるさがない
◎明晰夢を見る（逆に見なくなったケースも）
◎夜中にトイレで起きなくなった
◎朝の目覚めがスッキリしてモヤモヤ感が消えた
◎ネガティブな思いにとらわれなくなった
◎就職活動の成功・中途入社での成功
◎子供のテストの成績が上がった・学習意欲が出た
◎販売成績の向上・会社の資金繰り改善
◎国家試験（宅建取引主任者）の合格
◎同僚や上司などが穏やかに優しくなった……などなど。

■ カードには明確な指示を出しましょう

太陽のカードは、財布やポケットの中に入れておく、カード入れに入れて首から下げておく、就寝時には枕元に置いておくなどの使い方が一般的です。さらに使いこなすには、カードを手に持ち、マイクのようにカードに対して「○○を○○してください」と、声に出して指示を出してください。これでインプット（設定）が行われ、カードが具体的な活動を開始します。

ハーモニー宇宙艦隊量子加工グッズは品切れの場合、お時間をいただくこともございます。予めご了承ください。

ヒカルランドパーク取扱い商品に関するお問い合わせ等は
電話：03−5225−2671（平日11時−17時）
メール：info@hikarulandpark.jp　URL：https://www.hikaruland.co.jp/

＊ご案内の価格、その他情報は発行日時点のものとなります。

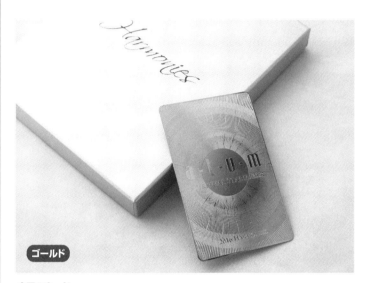

天然水晶に八卦図を封じ込め、陰陽の統合をさせた奇跡のペンダント

八卦ペンダント（天然水晶）

■ 69,300円（税込）

●サイズ：H33×W33×D13㎜

●右螺旋の水晶と左螺旋の水晶を貼り合わせたヴェシカパイシス型。

※金具は silver925

クリスタルを知り尽くした職人の最高技術が、この世に奇跡のペンダントを誕生させました！　こちらは２枚の天然水晶を貼り合わせて作られています。

クリスタルには、右巻き螺旋と左巻き螺旋の２種類が存在していることをご存知ですか？　これはクリスタルにも陰と陽の性質を帯びているものがあるという意味になります。この度クリスタルを選定したKCジョーンズの二ノ宮氏は、片側に右巻き、もう半分に左巻きを用意し、真ん中に調和を表す八卦図をゴールドであしらい統合させました。まさに陰陽統合のヴェシカパイシスの誕生です。

光一氏が一つ一つを手に取り、エネルギー調整を行った上でお届けいたします。

「ハートチャクラにこのパワーペンダントが共鳴すれば、あなたの在り方が調和のエネルギーと同期していきます。さらに本書で紹介している「なほひはる」を実践していただければ、ワークとペンダントが連動してよりパワフルなものになるでしょう。」と、光一氏は語ります。

ヒカルランド　好評既刊！

地上の星☆ヒカルランド　銀河より届く愛と叡智の宅配便

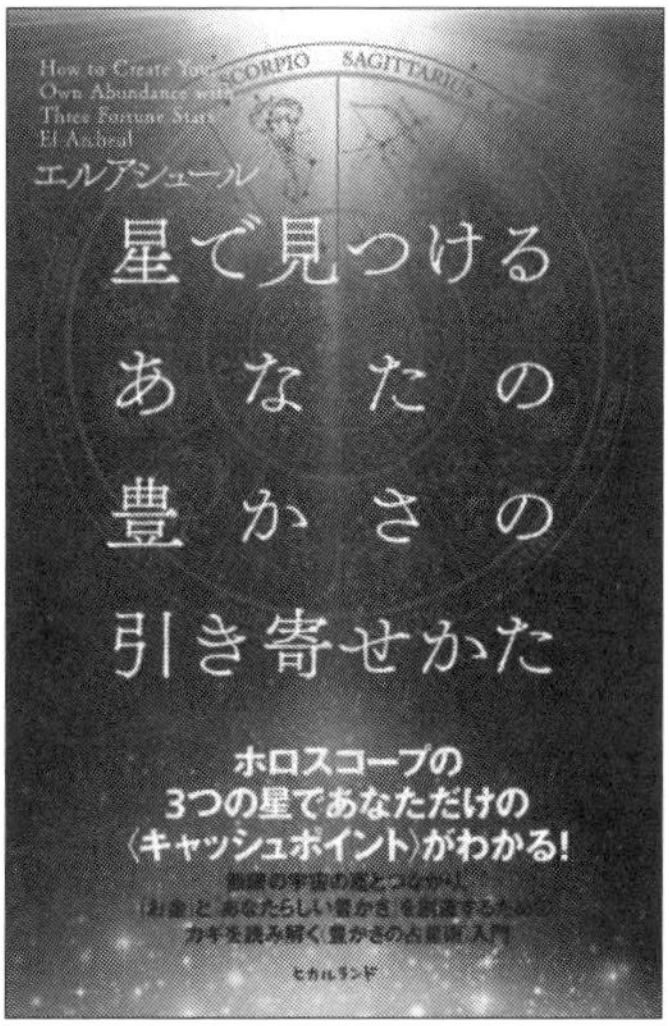

ホロスコープの３つの星であなただけの〈キャッシュポイント〉がわかる！　愛、喜び、豊かさ、収入、価値創造、幸運、財運、金脈、秘められたパワー…無限の宇宙の富とつながり、「お金」と「あなたらしい豊かさ」を創造するための鍵を読み解く〈豊かさの占星術〉入門。

星で見つけるあなたの豊かさの引き寄せかた
著者：エルアシュール
四六ソフト　本体 2,000円+税

大人気！　重版続々!!　あの『魂のブループリント』がノートになって帰ってきた！　魂に刻まれた本当の自分は「パーフェクト」です！　自分本来の魂を生きると宇宙と共鳴・共振し、すべてがうまくまわり出す。さぁ、星をよみ、汝を知り、運命を呼び覚ませ！

魂のブループリントノート
７週間で自分本来のパワーを目覚めさせる
著者：エルアシュール
Ａ５ハード　本体 2,200円+税